Les bons bougres

Histoires de
pays... âneries...
vraies... ment
drôles !...

Claire Van-Kinh

Du même auteur

- **Les routardes du Bon Dieu**

- **“La Louise”... Paysanne en Côte Roannaise**
Prix Louis Mayol 2006 (Le livre du terroir)

- **Le Bastien des sources**
Récompense « Grand témoin de la littérature rurale ligérienne » 2011

- **Gamins des villes... Gamins des champs...**
Prix du Bourbonnais 2014

Diffusion distribution De Borée

ISBN 2-9525235-1-7

Que l'humour soit...
... et le rire fut !

Tous les noms et lieux cités dans cet ouvrage sont fictifs. Une concordance avec des personnes du même nom serait donc purement fortuite.

Je rends un respectueux hommage à tous les protagonistes de ces « aventures » burlesques et lègue à cette terre ainsi qu'à ses hommes d'aujourd'hui une partie de cet héritage... leur humour si différent du nôtre ! Sans qu'il ne soit jamais question de rire d'eux, mais avec eux...

Que toutes les personnes qui prêtèrent leur mémoire soient remerciées. Grâce à elles, les rires ancestraux montent jusqu'à nous, témoignages aussi comiques que révérencieux défiant le temps, de ce temps où l'on prenait le temps !... de rire !...

Merci également à : Jacqueline, Solène, Flo, Madeleine et Paul, Georges, Alban et Anton, Jean, Louis et Gilles ainsi que tous les autres "bons bougres" qui m'ont aidée de quelque manière que ce soit !

SOMMAIRE

1

J' f'ral ben ma soupe !

Il s'appelait Jean-Marc Niquel...

C'était un brave homme, mais hélas bien simple d'esprit, qui vivait dans une pauvre cabane, d'un coin isolé... Ah ! Qui ne connaissait pas le Jean-Marc ?

Peu exigeant, il vivait chichement, et travaillait par-ci, par-là, dans les fermes alentour, en tant que commis, en tant que tâcheron, contre un bon "guter" (repas en patois), et deux ou trois sous qu'il contemplait à loisir en les faisant rouler dans ses mains rugueuses... mais surtout... très, mais alors... très, très sales !

Car notre Jean-Marc Niquel était crasseux à un point difficilement imaginable. Jamais il ne se lavait, ni ne se rasait, si bien qu'une odeur pestilentielle l'accompagnait, et de loin... on sentait... le Jean-Marc !

Loqueteux comme il n'est pas permis, il déambulait sur les chemins caillouteux, ses sabots résonnant sur les pierres, et il allait et venait, tout bonnement...

Un jour, quatre jeunes du coin décidèrent de le faire laver... et changer !

— Holà ! Jean-Marc, ouvre donc, crièrent-ils en approchant de la masure infâme.

Le brave homme entrouvrit la porte de bois rafistolé de tôle qui tenait accrochée par une ficelle ! Quelques poules délogées s'en allèrent en caquetant.

— Ah ah ! La compagnie... Que diable "vouly-vous" ? répondit-il en patois, car nul n'est besoin de préciser, je pense, que Jean-Marc Niquel ne parlait pas un mot de français !

— Une bien bonne nouvelle qu'on t'apporte... dirent-ils sérieusement. Laisse-nous rentrer, Jean-Marc !

Ils s'installèrent, l'un sur une vieille chaise à moitié cassée dont la paille pendait lamentablement, l'autre sur un tabouret. Jean-Marc s'assit sur le bord de sa paillasse qui lui servait de lit, tandis que les deux autres, prudents... restèrent debout !

— Jean-Marc, allons faut te trouver une femme, suggéra la joyeuse équipe. Hein ! Pas vrai ? Tu serais ben content ?

— Oh oh ! Une femme ! répondit-il en riant, laissant entrevoir des chicots aussi noirs que le dessus de son poêle à bois ! Une femme... et pour quoi faire ?

— Que diable, le Jean-Marc ! Elle te ferait ta soupe pardi, et puis... t' sais, elle te ferait des choses... !

— !!!...

— Mais, insistèrent-ils, un beau gars comme toi, c'est une "gate" de la ville qu'il te faut... T' sais, à Roanne, y en a de bien jolies ! Même qu'elles ont c' qu'il faut, là où il faut !

Le brave bougre écoutait en crachant de temps à autre une grande giclée noirâtre de la chique qu'il mâchouillait à longueur de temps. Un sourire niais illuminait son visage parcheminé dissimulé sous une épaisse tignasse hirsute. Il caressait sa barbe collante de jus de chique, et leur dit :

— C'est qu' moi, j'y connais guère dans les femmes...

Mais déjà, l'idée lui émoustillait les sens !

— Première chose, faut t' laver et...

— Ah ! Cré vindieu, jamais d' la vie ! J'ai toujours dit qu'y avait rien d' plus mauvais pour la santé !

— Arrête donc de dire des conneries ! Une femme contre un bol d'eau ! Ça vaut ben l' coup !

— Ben, insista notre bon gars, j'sais pas trop... et puis, j'ai pas d'habit moi !

— Ah ! Écoute hein ! Faudrait savoir ! Nous, on veut bien t'aider, mais il faut y mettre du tien ! Tu te laves un peu, tu descends en ville et tu t'achètes un beau complet (costume).

— Ah ! Cré vindieu de cré vindieu ! Il se gratta la tête et ajouta : Oh ! Après tout, j' peux ben m' foutre un coup d'eau par l' museau...

Jean-Marc souriait à l'idée qu'il ramènerait sûrement une femme chez lui, donc... Marché conclu ! Il se laverait la figure et les mains, mais pas l' reste ! Ah ! Ben ! C'est que... C'était déjà pas rien, alors ! Et il se rendrait à Roanne acheter un beau complet neuf !

Nos quatre plaisantins l'accompagnèrent jusqu'à la gare du Tacot. Mais, ils n'avaient pas imaginé qu'il descendrait en sabots éclaboussés de fumier, la « culotte » de velours maculée de bouse de vache, la ceinture de flanelle ceignant son dos dont il était impossible de deviner la couleur initiale ! Ses cheveux maintenus à l'aide d'un bout de ficelle, pendouillaient sous un immense chapeau de feutre noir poussiéreux dont il lissait les bords de ses ongles crasseux !

— Oh putain ! Les gars... On a fait les cons ! C'est qu'il y croit le Jean-Marc ! murmurèrent les jeunes hommes.

— Trop tard, on peut plus reculer ! répliqua l'un d'eux.

Et voici notre bon vieux péquenot arrivant pour la première fois de sa vie dans la grande ville...

Toutes ces belles maisons, ces rues bordées de magasins l'éblouirent, mais les gens qu'il saluait bien poliment, bizarrement ne lui répondaient rien ! Alors, il s'approcha d'une dame et lui dit en patois :

— "Oué dont qu' j pou vère une fene" (Où est-ce que je peux voir une femme) ?

Pour toute réponse, il la vit déguerpir à toutes jambes, relevant légèrement sa robe afin de courir plus vite !

— Drôle de bonne femme, pensa-t-il... Peut-être ben qu'je f'rai mieux d'acheter le complet avant.

Alors, il marcha sur les trottoirs en regardant les vitrines.

— Tiens, en v'là un qui f'rait ben mon bonheur, pensa-t-il, et puis c'est bien, il est même sur le gars que bouge pas mieux qu'un épouvantail à moineaux...

— Eh ! Toi, l' gars, combien que t'en veux de ton costume ? cria-t-il du trottoir.

Mais il n'obtint aucune réponse ! P'être qu'il est sourd... m'en fous, y en a d'autres...

— Eh ! Toi ! Te vas t'y m' répondre ? C'est combien le complet que t'as sur le dos ?

— !!!

— Cré vindieu ! Vont y m' parler ces cons-là ? Je m'en vas rentrer dans la boutique, et j'vas lui faire voir un peu c' que c'est qu' la politesse !

Jean-Marc poussa la porte, la sonnette retentit et il hurla :

— Oh ! Tête de “piace” (pioche) qu’est d’bout derrière tes vitres comme une andouille pendue à une ficelle, combien qu’ t’en veux de ton complet ?

Pour toute réplique, le pauvre Jean-Marc fut sommé de quitter immédiatement les lieux par la commerçante, dépitée !

Et notre brave paysan fut la risée de tous les passants qui voyaient en lui un homo sapiens échappé de sa caverne !

Les quatre jeunes suivaient de loin les déboires de leur copain, riant autant que faire se pouvait en prenant garde de ne pas éveiller son attention, mais Jean-Marc était bien trop occupé à s’adresser à tous ces beaux messieurs qui posaient sans broncher dans les vitrines roannaises ! Si une femme se trouvait de croiser sa route, il reprenait sa sempiternelle jérémiade :

— “Y’on dont qu’ je pou vère une fene” (Où est-ce que je peux voir une femme) ?

Il ne comprit jamais pourquoi les personnes accostées fuyaient en le voyant ! Pas plus qu’il ne comprit pourquoi les hommes refusaient de lui indiquer le tarif de ce satané complet... source de ses tracasseries !

Finalement, il se fit une raison, remonta la rue principale, reprit le Tacot et revint dans sa campagne, dans sa cabane où l’attendait son chien...

— Toi, au moins, t’es moins con qu’ les “monsieurs” et qu’ les belles “madames” de la ville ! Quand t’ me vois, t’ fous pas le camp !

Le lendemain, les quatre joyeux lurons arrivèrent devant sa porte. Ils le trouvèrent assis par terre, le regard vide...

— Oh ! Mince ! Les gars, ça a pas l'air d'aller le Jean-Marc ! On a été trop loin, susurrèrent-ils, contrits... Va falloir s'excuser ! On pensait pas qu'il y prendrait au sérieux comme ça !

— Alors, Jean-Marc, hasarda le premier.

Une grande giclée de chique vint s'écraser à ses pieds.

— Eh ! Vieux gars ! Qu'est-ce qui t'arrive ? demanda l'autre.

Il semblait plongé dans une calamiteuse prostration, son chien, un corniaud au pedigree fantaisiste couché près de lui, et avec un air entendu, en secouant la tête avec bon sens lentement il répondit :

— Oh ! J'en ai vu des femmes... et des complets aussi... Mais j' savais pas lesquels choisir, alors j' m'en suis rev'nu tout seul... Moi j' m'en fous de tout ça, j' veux rester tranquille avec mon chien, et j' veux pas ni complet... ni femme ! Ma soupe, j' me la f'rai ben !

Soulagés, les jeunes s'en allèrent, laissant le Jean-Marc à ses méditations, mais la nouvelle fit le tour des fermes. L'aventure du brave bougre anima les veillées pendant de longues années... où chacun riait en imaginant la scène !

!!!!!

2

Il était avare...

AH ! *Mais alors, plus avare*... Y a pas ! Jamais moyen de lui faire sortir ses sous ! D'ailleurs, personne ne savait où le Gustave Molière cachait ses économies.

— Pourtant, il doit avoir des sous, cette vieille denrée ! déblatéraient les uns et les autres.

— Comment diable pourrait-on savoir ? répondaient les plus curieux.

— Y a rien à faire, faut qu'on trouve un moyen de lui faire sortir le porte-monnaie, se disaient-ils en se concertant.

Le temps passait, et le Gustave, toujours aussi radin, faisait la sourde oreille lorsqu'au bistrot du bourg, les gars lui demandaient de payer sa tournée.

— Molière, t'es pas gêné... Tu bois à notre santé, mais tu mettrais pas la tienne va ! Espèce de vieux renard !

— Ah ! Midiou de midiou ! "Y'on don qu'je prindrai lu sous" (Où est-ce que je prendrais les sous) ? répondait le filou de Gustave.

— T' sais, un jour, t'en crèveras de ton avarice, on n'a jamais vu de coffre-fort suivre un corbillard... Allez, paye ta tournée, insistaient-ils.

— Ah ! Midiou de midiou, "fouty me la paix" !

Était-il benêt le Gustave, ou plutôt très malin ? Les jeunes du coin eurent beau essayer tout un tas de stratagèmes, ce fut peine perdue ! Jamais le Gustave ne déboursait un centime !

L' Gustave Molière qui sur ses vieux jours se vit affublé du sobriquet de Gustave l'Rapia, se rendit exceptionnellement à la messe de minuit avec deux copains... Oh ! L'avait pas l'habitude d'aller aux offices le père Rapia !

— "Pa qu' faire ? À qué qu' ou sar ? Ouè pas c' que va rimplir mon pourte-mounne" (Pour quoi faire ? À quoi ça sert ? C'est pas ce qui va remplir mon porte-monnaie).

Une fois n'étant pas coutume, voici donc nos braves bougres installés confortablement au fond de l'église... en bons fidèles n'est-ce pas !...

— Bof ! Finalement on n'est pas plus mal là qu'ailleurs ! dit-il à ses compagnons.

— T'as raison, on d'vrait ben y v'nir plus souvent !

Mais l'heure de la quête éveilla en lui une peur panique qui le contraignit à interpeller un de ses proches voisins assis quelques rangées devant.

— Tonin ! Oh ! Tonin !

Le Tonin se retourna surpris et d'un geste discret de la tête exprima son interrogation. C'est alors que le père Rapia sans gêne ni retenue aucune s'écria :

— Tonin ! "T' la paya ? Combien qu' t' as douna" (Tonin ! Tu l'as payé ? Combien tu as donné) ?

Ben, l'en savait rien lui, l' Gustave ! L'a toujours cru qu' c'était gratuit la messe... en voilà des façons de demander des sous aux “pôvres” malheureux !... M’auront pas deux fois ! Ah ça non !...

Cette nuit-là, dans la corbeille de quête, monsieur le curé trouva deux haricots blancs trônant lamentables, au beau milieu des pièces... tout le monde supposa que...

Or un soir, les gars échafaudèrent un plan qui, à coup sûr, réussirait...Fallait absolument qu’au moins une fois dans sa vie, le Gustave sorte ses sous !

Ils se tapirent dans une haie à la nuit tombée et attendirent patiemment que le Gustave rentre chez lui. La pleine lune dans un ciel étoilé illuminait la campagne, les voisins de connivence se cachèrent en attendant cet événement... Le père Rapia allait enfin, paraît-il, être obligé de sortir ses sous... Ils se demandaient bien comment, mais tout le monde s’amusait à deviner...

— Que diable vont-ils lui faire ?

Et voilà notre vieux garçon, bien ivre, qui apparut au détour du chemin. Il parlait tout seul, rotait et pétait à son aise en levant une jambe !

— Tiens pour les riches puisqu’il leur faut tout, ricanait-il !

Ses sabots heurtaient les cailloux et il rouspétait :

— Ah midiou de midiou de charognes de “piarres” (pierres) !

Titubant, les bras écartés pour garder l’équilibre, il avançait tête baissée, lorsque tout à coup, surgissant de leur cachette, trois jeunes gens, le visage camouflé sous des cache-nez, bondirent sur notre vieux paysan :

— Haut les mains... La bourse ou la vie ? hurlèrent-ils, en plaquant dans son dos ce qui semblait

être un pistolet, mais qui en fait n'était qu'un bout de bois.

Et alors là, quelle ne fut pas la stupéfaction de nos agresseurs inoffensifs et des spectateurs ahuris quand le Gustave, les bras levés au ciel, répondit tout tremblant :

— Ah ! Midiou de midiou, "preny me ma vieu si vous vouly, mais laissy-me ma bourse" (Prenez-moi ma vie si vous voulez, mais laissez-moi ma bourse) !

!!!!!

3

Gué-guerre de voisinage...

Ils se détestaient littéralement !
Oh ! Bien sûr, si une vache vêlait et qu'il y ait problème, ils se rendaient service mutuellement, mais sans se dire un mot !

— Faut pas exagérer, disait le grand Marius, on s'aime point avec le gros Dédé, mais pour sûr, qu'on laisserait pas crever nos bêtes quand même !

— C'est un grand con, répliquait le Dédé à l'encontre de son voisin, mais pas l' mauvais gars malgré tout ! Il est plus con qu' la lune est haute... C'est pas d' sa faute, il a été défourné trop tôt !

... Faisant ainsi allusion à sa naissance prématurée, responsable de séquelles irréversibles dans son cerveau !

Cette guéguerre perdurait depuis le jour où le Marius vendit à son compère des œufs à couver, mais qu'il ébouillanta soigneusement auparavant ! Histoire de rigoler quoi ! Au bout des 21 jours, il frappa à la porte de son voisin :

— Alors, lui demanda-t-il, t'as t'y des p'tits "pillots" (poussins) ?

— Ben, ma foi non, pas encore ! répondit le Dédé...

Et toute la journée durant, il guetta sa “groasse” (poule) qui ne quittait pas son nid... Le lendemain, toujours rien ! Et le grand Marius venait aux nouvelles régulièrement, avec tout de même un petit sourire en coin qui intrigua le Dédé ! De fait, il comprit la supercherie !

Depuis, ils étaient fâchés... « À la vie, à la mort ! » avait hurlé le voisin lésé. Espèce d’andouille mal ficelée... Ta mère aurait mieux fait de t’étouffer sous l’oreiller plutôt que de te mettre dans une boîte à chaussures remplie de coton à côté du poêle !

Rancunier comme pas deux, le Dédé lui faisait bien quelques tours de cochon ! Il se vantait d’avoir pissé dans sa soupe un soir que le Marius l’avait appelé pour une bête malade !

Mais ce jour-là, nos deux compères ayant bu plus que de raison, une violente dispute éclata. Et plus ils s’engueulaient, plus ils buvaient et plus les choses s’envenimaient, à tel point qu’ils en vinrent aux mains !

Aussi imprégnés d’alcool l’un que l’autre, ils échangèrent quelques coups de poing en s’insultant ! Une voisine, quoique habituée à leurs échauffourées, sortit sur le pas de sa porte :

— N’avez-vous point honte de vous mettre dans des états pareils, tous les deux ? cria-t-elle. On n’a pas idée d’être aussi bête, va !

Mais les deux ennemis jurés n’écoutaient rien ! C’est alors que le grand Marius en difficulté courut chez lui et revint avec un pot d’urine qu’il balança à la figure de l’acolyte en défroque.

Furieux, humilié, le gros Dédé se dressa face à lui et d’un ton solennel lui dit :

— "J' te joindrai", salopard, j' te jure "qu 'j' te joindrai" (J' t'aurai)...

Alors, tout aussi solennellement, le Marius lui répondit :

— Ah ! T' veux "m 'joindre" ! Alors attends qu' j' sois en train d' chier, parc' qu'autrement "t' m' joindras" jamais !

!!!!!

4

Quand on fait son *mea culpa* Monsieur le curé ne défend pas ça !

D*ans un joli petit village*, vivait un brave curé ! Tous les fidèles appréciaient sa gentillesse et son dévouement. Mais, bien sûr, comme tous les prêtres de l'époque, le père Monciel partageait sa cure avec une bien bonne personne, chargée de s'occuper de lui. Aussi, mademoiselle Delange, qui, si elle n'avait pas l'âge épiscopal... en avait néanmoins... la laideur, s'activait à ses fourneaux, à la lingerie et gérait au mieux les affaires de l'église. Ils s'entendaient plutôt bien tous les deux. Que voulez-vous, quand on vit sous le même toit des années durant... cela crée des liens... forcément !

Et ces sales gamins du caté se chargeaient bien de deviner, voire affirmer certains détails plus ou moins inventés... Plus ou moins exagérés !

Si bien que la rumeur étant lancée, dans un bourg d'à peine deux cents âmes, les cancans allèrent bon train !

Les bien-pensants s'indignaient et les autres... rigolaient !

Au bistrot, quand le petit vin chauffait un peu trop les têtes, les railleries fusaient de toutes parts ! Mais, personne, personne ne connaissait vraiment... la vérité ! Et ça, ça les titillait ! Comment faire pour ne pas éveiller les soupçons du curé qui, somme toute, était loin d'être stupide ! Et pourtant, ils voulaient savoir !

— Pensez donc, il viendra nous donner des leçons de morale après, tiens ! "goaillaient" les uns et les autres !

Or, un jour, le bon père Monciel fit appel à des ouvriers. En effet, la cure « prenait l'eau » ! Des gouttières apparaissaient et il fallait y remédier au plus vite avant que la charpente ne s'abîme. Donc, tout naturellement, deux hommes du village s'enquirent des travaux.

La belle aubaine ! Le soir venu, ils complotèrent avec les acolytes de comptoir un plan qui se voulait infaillible ! Car ils avaient eu beau guetter, écouter, lorgner... rien, apparemment, ne laissait supposer que... Il fallait donc agir !

Le lendemain, voilà nos deux bonshommes qui frappèrent à la porte de la cure.

— Entrez, cria mademoiselle Delange. Faites comme chez vous, ajouta-t-elle.

Ah ! Eh bien, ce n'était pas tombé dans l'oreille de sourds ! Au cours de leurs allers et venues dans les couloirs et les différentes pièces de la cure, l'un d'eux entra dans la chambre de mademoiselle Delange. Se saisissant d'un pique-feu trouvé près d'un vieux poêle éteint, il le glissa précautionneusement dans son lit, entre les draps, puis il quitta la chambre sur la pointe des pieds. Son collègue qui faisait le guet, affichait un air des plus réjouis !

Leur journée terminée, ils s'en allèrent :

— Au revoir, monsieur le curé, au revoir mademoiselle, et à demain ! Bonne nuit et dormez bien, dirent-ils en s'éloignant.

— Faites-en de même, répliqua le bon prêtre.

Inutile de dire, le soir devant les chopines qui défilaient, l'ambiance au bistrot. Depuis des années, la rumeur voulait que... Ce n'étaient que des rumeurs, rien de plus ! Mais alors là, cette fois, les curieux sauraient de source sûre !

Le lendemain, bon pied, bon œil, nos deux plaisantins arrivèrent, mais un peu penauds tout de même !

— Ohlala ! On a p't-être ben fait les andouilles ! Et si jamais c'était pas vrai, hein ? Qu'est-ce qu'on va dire pour le pique-feu ?

— Bah ! Qu' c'était pour faire une farce, va !

La lourde porte de chêne s'ouvrit, et mademoiselle Delange les accueillit comme d'habitude, avec un large sourire.

— Bonjour messieurs, dit-elle, avez-vous bien dormi ?

— Ben... oui, hasarda le premier, pas très fier malgré tout.

Mais il n'osa rien demander de plus ! Rapidement, les deux ouvriers se mirent au travail et saisirent la première opportunité pour s'engouffrer dans la chambre. L'un d'eux se précipita vers le lit, tâta grosso modo, et hilare tant de satisfaction que de soulagement, passa sa main sous les draps et ressortit... le pique-feu !

Ils éclatèrent de rire, heureux comme des gamins qui auraient fait une bêtise !

Ils n'attendaient qu'une chose... Le soir, au café, ils allaient bien rire ! Toute la bande devait attendre avec impatience... le verdict !

La journée terminée, comme d'habitude, poliment ils saluèrent le père et la demoiselle.

— Allez, dirent-ils ironiques, bonne nuit mademoiselle, dormez bien !

— Oh ! répondit-elle, debout près de la porte d'entrée, je dors guère maintenant ! Toujours ces maudites crampes qui me mènent la vie dure. Elle passait ses mains sur ses cuisses en grimaçant... je suis obligée de me lever sans arrêt... c'est bien pour ça que j'ai abandonné ma chambre depuis longtemps...

— Ah bon ? répliqua interloqué l'un des deux hommes. Vous... vous... ne couchez plus dans votre chambre ? insista-t-il, dubitatif.

— Oh ! Non, il y a des mois que je ne suis pas rentrée dans mon lit... je m'allonge sur le canapé !

Sur le trottoir, ils restèrent perplexes !

— Ah ! Mince alors, fit l'un ! T'avoueras que c'est pas de pot !

— Ouais ouais, répondit l'autre... À moins qu'elle ne soit plus maligne que nous !

Qui sait ? Personne ne connut jamais le fin mot de l'histoire, mais le « coup du pique-feu » est resté ancré dans les mémoires locales !...

Quand on fait son *mea culpa* ! Monsieur le curé ne défend pas ça !

!!!!!

5

Jeux d'enfant !

Annie, si tu n'arrêtes pas d'amuser tes camarades, monsieur le curé va être obligé de sévir !

En effet, la gamine qui s'ennuyait à mourir pendant le catéchisme ne cessait de distraire ses copains. Elle était gentille cette gosse-là, mais sotte comme pas deux ! Sa mère l'éduquait avec fermeté, mais rien n'y faisait... Annie était intarissable de sottises !

Le pauvre vieux père Ayel, très avancé en âge, aimait bien ses petits et se souciait beaucoup trop du salut de leur âme pour accepter qu'une écervelée puisse nuire à ses enseignements.

Alors, il grondait, menaçait puis finissait toujours par punir... l'étourdie de la classe... Annie ! Tous les gamins riaient et cela leur plaisait bien, car le caté ne les passionnait guère ! Heureusement qu'Annie mettait du piquant !

Or, ce jeudi-là, la petite qui toussait fortement suçait des pastilles à base de réglisse. Elle ne trouva rien de mieux que d'en distribuer à tous les gosses en cercle autour de la grande table.

— Arrête, intima le vieux curé, tu amuses tout le monde. Si tu continues, monsieur le curé confisquera ta boîte de pastilles et les mangera.

Sagement, Annie obéit, à la stupéfaction du père Ayel. Mais bon, elle se tenait tranquille pour une fois, il ne pouvait tout de même pas le lui reprocher !

Le cours se termina et Annie rentra à la ferme familiale tranquillement.

La semaine suivante, toute l'équipe se retrouva réunie. Annie s'assit bien sagement à côté de son compagnon préféré, le plus polisson de la bande, bien entendu ! Le père commença la leçon et la sotte de service, de son air le plus naturel, sortit sa boîte de pastilles et la fit circuler.

— Ah non ! cria le brave curé, cette fois ça suffit ! Tu ne vas pas recommencer cette comédie tous les jeudis ! Je t'avais prévenue, donne-moi cette boîte.

Il la confisqua !

— Tant pis pour toi, je la garde, dit-il en l'enfouissant dans la poche de sa grande soutane noire.

Le lendemain, la mère d'Annie fut convoquée à la cure. Se doutant de quelques péripéties pas très catholiques de la part de sa fille, elle la questionna :

— Qu'est-ce que tu as fait encore comme bêtise ? interrogea-t-elle. Dis-moi la vérité !

— Rien, rien du tout ! affirma la gamine avec un haussement d'épaule désabusé.

Mais la réalité était tout autre ! Car cette polissonne avait tout simplement remplacé les pastilles de réglisse par... des crottes de chèvre !

Ohlala ! La sanction fut terrible ! Sa mère la punit sévèrement et la fustigea sans ménagement !

— Qu'as-tu à dire, hein ? hurla-t-elle en la tançant vertement.

La pauvre enfant malmenée pleurait, ce qui ne l'empêcha nullement d'ironiser...

— Ben, qu' je voudrais bien savoir s'il y a goûté !... répondit-elle... tout heureuse d'avoir encore une fois grugé le vieux curé ! *

!!!!!

* **Cette histoire, dont les noms sont réels, se retrouve dans le livre du même auteur intitulé *La Louise... Paysanne en Côte Roannaise*... Car la fauteuse de trouble n'est autre que ma sœur !**

6

Vive la mariée !

Vouéla, vouéla vouéla ! Voué grous ! Voué grous comme un saucisson ! hurlait l'Augustine en tambourinant à la porte de la cure !

— Que se passe-t-il donc ? demanda le père Monciel en entrouvrant ses volets.

— Puisqu' je vous dis que “oué grous” (c'est gros) comme un saucisson ! répétait-elle, en frappant toujours de ses poings le bois sculpté.

Le bourg était en fête car cet après-midi, on mariait la vieille-fille du village avec un vieux gars un peu benêt, mais bien brave. Disons qu' c'était pas d' sa faute si les grenouilles n'ont pas d' queue ! L'Augustine n'avait jamais convolé en justes noces, et se gardait bien d'approcher les hommes. Oh, pas qu'ils lui fassent peur ! Non, c'était plutôt l'inverse ! Mais, comme tout le monde trouve un jour chaussure à son pied, l'Augustine n'y échappa pas ! Elle n'était pas très futée non plus et les gens pensaient à juste titre que, mon Dieu, ces deux pauvres bougres avaient uni leur solitude, et que, ben ma foi, c'était plutôt bien ! Donc, tout le village participa au mieux aux festivités.

Monsieur le maire prépara un joli discours, quant à monsieur le curé, il leur conseilla, avec tout le sérieux qu'une telle situation impose, d'être fidèle l'un envers l'autre, puis tout un tas de recommandations auxquelles Augustine et son Léon ne comprirent que quelques bribes ! Mais peu importait, les voilà unis pour le meilleur et pour le pire !

On avait bu le vin d'honneur au bistrot du coin et bien apprécié le bon repas préparé par les voisines de l'Augustine. C'est que, l'Augustine qui se marie, en voilà un événement provoquant la surprise générale ! Elle était presque belle dans son joli tailleur, transfigurée par l'amour qui pétillait dans ses yeux ; elle, habituellement toujours vêtue de noir avec ses grosses galoches et ses chaussettes tenues par un élastique ! Quant au Léon, il apparut radieux ! Le barbier l'avait quasiment rajeuni de dix ans, mon vieux ! Rasé de frais, cheveux shampouinés et coupés et moustaches calamistrées au fer... Oh Oh ! Il arborait fièrement le joli complet gris acheté pour l'occasion !

Et, alors que l'accordéon et le petit vin de la côte faisaient tourner les têtes et les jupons, nos deux « jeunes » mariés quittèrent leurs amis et s'éclipsèrent dans la nuit.

— Pas trop tôt qu'elle connaisse le grand frisson ! plaisantèrent les hommes.

— Oh ! Taratata ! répondirent quelques voix féminines que l'alcool rendait volubiles. Le grand frisson... le grand frisson... Parlons-en tiens !

Et tout à coup, alors que les jeunes s'apprêtaient à porter la "gravirote", ils entendirent des grands cris provenant de la cure !

— Mais, c'est l'Augustine ! Qu'est-ce qui lui arrive donc ?

L'accordéon laissa échapper quelques notes discordantes et se tut !

— Chuuut ! Chuut ! Écoutez vous autres ! Elle gueule l'Augustine ! T'écoutes ? Elle dit... quoi ?

— Oh ! Tais-toi donc ! Elle parle d'une histoire... de saucisson !

— Qu'est-ce qu' te raconte ? Saucisson ? Quel saucisson ?

— J'y comprends rien, dit l'un d'eux, et toi ?

— !!!!!

— Ben et toi, Jules ?

— Beeeeennnn !! Pas grand chose ! Allons-y les gars !

Et voilà toute la troupe arrivant chez le curé ! L'Augustine restait sur le trottoir et inlassablement répétait :

— J' vous dis "qu'oué grous" comme un saucisson ! Vouéééélaaaaaa ! Vouéééélaaaaa !

Il fallut se rendre à l'évidence... La jeune mariée se plaignait tout simplement de la grosseur du sexe de son mari ! Bien évidemment, tous les hommes hurlèrent de rire et les plaisanteries paillardes fusaient à qui mieux-mieux !... Jusqu'à ce que le Léon apparaisse baignant dans le prurit de pulsions naturelles, tenant d'une main le pantalon du beau complet à demi-déboutonné, et de l'autre un bâton levé !

— Ah ! Millard de Diou ! La garce, elle veut pas... elle veut pas !

— Non, je veux pas, "oué grous" comme un saucisson !

La scène dura un bon moment ! Le curé debout dans la rue ne savait plus où donner de la tête, et l'attroupement général riait à gorge déployée !

— Bon, alors que fait-on ? demanda le père Monciel. Moi je suis bien ennuyé avec cette histoire. Êtes-vous bien sûre, Augustine que... C'est... enfin, voyez ce que je veux vous dire !

— Pour sûr, oui, tenez, je m'en vas vous faire voir !

— Quoi ? cria le curé interloqué.

— Venez, venez monsieur le curé ! demanda la mariée.

— Mais où ? Grand Dieu ! répliqua le prêtre fort embarrassé.

— Chez le grand Tatane, fit-elle en montrant d'un geste, la direction.

— Tatane, que vient-il faire dans cette histoire ? questionna le curé.

Mais l'Augustine trottinait déjà dans la ruelle, les yeux exorbités comme si elle avait vu le diable ! Quand Tatane, le boiteux, ouvrit sa porte en claudiquant, elle s'engouffra dans sa cuisine, et pointant son doigt en direction d'une rangée de saucissons qui pendaient, attachés aux clous des chevrons, elle cria :

— Voilà, c'est gros comme celui-là !

Tous les gars du village se bousculaient, se haussant sur la pointe des pieds afin de mieux voir...

Et derrière, ils entendirent la voix du Léon contrecarrer :

— Faux, faux faux et archifaux ! C'est pas gros comme celui-là, mais je dirai plutôt comme c'lui d'à côté !

— Oh ! Écoutez, vous m'ennuyez avec vos histoires de saucisson, s'insurgea le père Monciel ! Moi, j'ai sommeil ! Nous verrons tout cela demain ! Il est deux heures du matin et je suis fatigué.

— Pas question ! trancha Augustine. Je veux que vous annuliez mon mariage immédiatement !

Sotte, peut-être, mais elle ne perdait pas le nord pour autant !

Finalement, une voisine l'accueillit chez elle pour la nuit, et le lendemain le nécessaire fut fait aux fins d'annuler le mariage.

Mais dans ce village, où ils continuèrent à vivre en se côtoyant d'un sale œil, l'aventure de nos deux mariés d'un jour amusa des années durant, les célèbres veillées ! Avec des histoires de grosseur de saucisson auxquelles les enfants d'alors ne comprenaient rien...

— Dis maman, questionnaient-ils innocemment, qu'est-ce que ça veut dire, le saucisson du Léon et de l'Augustine ?

— Rien, rien, t'es trop petit, tu comprendras plus tard...

!!!!!

7

Transport illicite !

— *Allez, hue Bijou,* criait le vieux brave Glaude !

Le cheval avançait de son pas lent mais régulier dans le petit chemin de terre qui coupait à travers prés. La pleine lune illuminait le ciel étoilé de cette fin d'automne. La campagne était calme, tout juste quelques chiens qui jappaient au loin... mais rien d'autre ! Les roues cerclées de fer du tombereau grinçaient sur les cailloux, et l'attelage, cahin-caha, avançait en direction du village. Le foin qui débordait tombait et chaque fois, le Glaude, saoul comme un cochon, arrêtait son cheval, prenait sa fourche piquée dans le chargement, ramassait le fourrage et le balançait sur le tombereau.

— Attends, Bijou qu' je pisse un coup ! disait-il.

Alors, tant bien que mal, il déboutonnait la braguette de la grosse culotte de velours, levait une patte à la manière des chiens, pétait un bon coup en disant :

— Ah ! Ben tiens donc, v'là l'arrivée du capitaine Fracasse !

… Et il repartait.

— Allez, hue Bijou ! Le cheval, impassible, semblait connaître le chemin…

Mais, tout à coup, Bijou fit un écart et faillit bien écrabouiller le sabot du Glaude !

— Cré vindieu ! “Qué qu ‘où z’a” (qu’est-ce qu’il y a) ?

— Halte là ! répondit une voix masculine.

— “Qué qu’où z’a” ?

— Vous êtes en état d’arrestation ! fit le gendarme en s’approchant.

— Pas du tout, répondit le vieux bougre ! J’ suis en état d’ébriété, ou de saoulographie si vous voulez, mais pas d’arrestation !

— Vos papiers ! intima l’autre gendarme qui arrivait à la rescousse.

— Quoi ? Quels papiers ? Le Glaude, il a pas besoin d’ papiers ! Tout l’ monde le connaît par chez nous ! D’ailleurs, le Glaude, il est pas « sous-préfet », mais « saoul parfait » !

— Et en plus vous êtes en état de vagabondage ! renchérit l’un des deux assermentés.

— Puisqu’j’vous dis qu’ j’ suis saoul parfait, merde alors ! Si faut demander la permission d’ se saouler à présent ! grommela le vieux paysan. D’abord, vous avez fait peur à mon Bijou ! Pas idée non plus d’ surprendre une bête comme ça ! Et s’il avait foutu mon chargement en l’air, hein ? C’est pas vous qu’ m’auriez aidé !

— C’est justement à votre chargement qu’on en veut, interrompit le plus jeune.

— Ben ! Qu’est-ce qu’il a mon foin ? demanda le Glaude.

— C’est pas votre foin qui nous intéresse… Mais ce qu’il y a dessous !

— Dessous ? Dessous ? demanda le vieux d'un air indigné.

— Allez, suffit ! On vous accompagne à la gendarmerie, et là, nous verrons bien !

Les voilà partis, brinquebalant, et tric, troc, et tric, troc ! Ils n'échangèrent pas un seul mot, mais le Glaude continuait à parler à son cheval.

Les voici dans la cour de la gendarmerie !

— Videz votre foin ! intima l'un d'eux.

— Non ! répondit fermement le Glaude. J' vid'rai rien du tout ! Si mon foin vous dérange, vous avez qu'à l' vider vous-même ! Ah mais !

Sitôt dit, sitôt fait ! Et au fur et à mesure, le foin laissait place à des barils.

— Et ça ? C'est du foin peut-être !

— Oh ! Mais ! J' vous ai jamais dit qu' ça en était ! répondit le vieux sans perdre son sang-froid.

— Pourquoi ne pas nous l'avoir dit tout simplement ? demanda le gendarme.

— Ben ! Parc' qu' vous m'l'avez pas d'mandé pardi ! répondit Glaude en rotant allégrement !

— Et qu'est-ce qu'il y a dans ces tonneaux ?

— Goutez-y donc ! Vous y verrez ben !

— De la gnole ! De la gnole ! Hein ? Vous trafiquez, n'est-ce pas ?

Le Glaude se taisait, mais souriait en voyant le Bijou lever la queue !

— Tè dont !... Tiens, fit-il, y a mon cheval qui vous répond !

Après avoir laissé échapper un énorme pet malodorant, le cheval se soulagea d'un crottin bien chaud, bien fumant !

— Ramassez ça tout de suite, grogna le gendarme.

— Mais mon bon monsieur, j' m'en voudrais ben ! J'suis sûr qu' madame votre femme s'ra toute contente d'avoir du bon crottin pour ses rosiers !

Et en s'approchant, il caressa l'encolure du Bijou, en lui susurrant : T'es un bon copain, toi !

— Bref ! Revenons à cette fraude ! Alors, comme ça ! On trafique ?

— Ben... C'est qu' c'est ben bien bon la gnole contre les coups de froid !

— Et c'est la première fois que vous trafiquez ?

— Oh ! Non ! Mais c'est la première fois qu' je me fais prendre !

Ils restèrent interdits par cette réponse saugrenue, mais tellement bon enfant, que...

... Deux heures plus tard...

L'aube rougeoyait le ciel... et les pommettes de nos bons gendarmes, eux aussi en état... « de saoul parfait » !

La gnole du vieux Glaude était fameuse, pour sûr !

— Allez, bredouilla l'un d'eux, passez votre chemin, va !

— Merci m'sieurs les gendarmes ! répondit Glaude. J' suis bien content d' vous avoir connus !

Ils l'aidèrent à recharger tout son bazar, recouvrirent les barils avec le foin et le saluèrent de la main !

— "À l'an qu' vint" (À l'année prochaine) cria le vieux en se retournant !

Il fut reproché par leur supérieur... une histoire de ... crottin... au milieu de la cour !

Rien de plus ! Rien de grave !

!!!!!

8

Tiens voilà du boud ... euh ! ... de la courge !

P*aul, un vieux légionnaire*, solide comme un roc et rusé comme un renard, vivait dans un joli petit chalet construit de ses mains. Tous les voisins l'aimaient bien le Paul, et se plaisaient à le regarder hisser le drapeau tricolore les jours anniversaires des différentes cérémonies commémoratives des grandes victoires françaises :

Les armistices des deux grandes guerres, le 14 juillet mais également, avec un respect tout particulier, le saluait-il en tenue d'apparat le 30 avril, fête traditionnelle de la Légion. C'est en effet le 30 avril 1863 qu'une poignée de légionnaires, une soixantaine d'hommes, furent écrasés dans les haciendas de Camerone au Mexique par une armée de plus de deux mille soldats. Fidèles à la parole donnée à leur chef, le capitaine Danjou, ils luttèrent jusqu'à la mort, avec pour symbole, le devoir accompli et le respect de la parole donnée.

L'été, il cultivait un immense jardin situé à environ un bon kilomètre de son habitation, dans un endroit à l'écart. Et bien sûr, le Paul sentait plus souvent le pinard que le sable chaud ! Mais, alors, il lui en fallait pour le saouler ! Ohlala ! Et cette satanée clef qu'il avait mille difficultés à rentrer dans le trou de la serrure ! À croupetons en jurant tel un charretier, il essayait bien de viser juste, mais... la serrure se dérobait à ses yeux !

Ses bras bleus de tatouages retraçaient, tel un livre ouvert, les nombreuses campagnes où il s'était battu dans le monde entier ! Le Paul ! Un véritable trompe-la-mort doublé d'un brave type ! Chaque soir en rentrant de son jardin, il s'arrêtait au bistrot et avalait une quantité impressionnante d'alcool ! Lorsqu'il commençait à chanter : « Tiens voilà du boudin, voilà du boudin », cela signifiait "qu'il avait sa dose" !

Or un jour, il s'aperçut que quelqu'un lui volait des légumes !

En effet, à plusieurs reprises, il se rendit compte que certains légumes manquaient. Halala ! Le Paul ! Le vieux légionnaire ! Il en a vu d'autres ! On va pas lui faire un coup pareil !

Cependant, pas facile à choper le voleur !

Il guettait, mais rien à faire ! Les rares nuits où il ne veillait pas... Paf ! Au petit matin le Paul faisait des milliards de bordel de bon Dieu en découvrant son jardin visité !

Voilà l'automne ! Les plantes s'habillaient de tons jaunâtres et les feuilles des arbres fruitiers s'envolaient au souffle du vent.

Dans son potager, il ne restait que quelques belles courges, bien grosses, bien charnues. Le chapardeur ne s'y trompa pas ! Et une nuit après l'autre, les courges disparaissaient.

Il ne disait pas grand chose le Paul ! Sans doute avait-il appris à ses dépens à se méfier ! Conscient que son meilleur ami reste son ego et qu'un secret n'est jamais aussi bien gardé que par soi-même !

— J'vais ben l' corriger l' gars, pensa-t-il ! Il va pas être déçu du voyage !

Le Paul prit la plus belle courge, confiant que son voleur la choisirait au milieu des autres plus petites. Il découpa précautionneusement le dessus, enleva la calotte, creusa l'intérieur et...

Comment dire pour ne pas être trop vulgaire ?...

Allez, je parle d'une chose tout à fait naturelle après tout !

Le Paul déféqua à l'intérieur de sa courge !

Tout simplement ! Et recouvrit bien comme il faut le tout ! Puis il la redéposa à sa place.

Le lendemain elle avait disparu ! Et le Paul rigolait bien dans son for intérieur !

Il ne sut jamais l'identité de l'auteur de ces larcins, mais une chose est certaine, c'est qu'il ne revint jamais !

Moralité : Bien mal acquis ne profite jamais, m.... alors !

!!!!!

9

Faute avouée est à moltié pardonnée !

L*a cage à fromages suspendue* par des ficelles à une grosse branche de peuplier au bord de la “serve” (mare) était remplie de délicieux cabrions qui séchaient sur de la paille. La fermière les tournait avec précaution de façon à leur donner une jolie forme. C’est que pour les belles madames du bourg, “fallaut qui seyont bieaux” (fallait qu’ils soient beaux) ! En effet, Léontine vendait ses produits au marché du village chaque semaine. Les bons fromages, son beurre bien jaune qu’elle mettait en “molette” de 250 ou de 500 grammes et ses œufs emballés dans du papier journal. Elle disposait le tout dans son grand panier plat en osier et la voilà partie sur les chemins caillouteux !

La Léontine, sans être riche, habitait dans une de ces fermes où, ben mon Dieu, la vie n’était pas trop dure !

Depuis quelque temps, la Léontine s’apercevait que fromages, beurre et œufs disparaissaient.

— Qui diable vient donc se servir la nuit ? pensa-t-elle.

Elle n'en causa pas à son homme, réputé imprévisible, mais monta la garde quelques soirs durant.

Rien !

Les rares fois où elle succombait au sommeil... le visiteur nocturne opérait, ce qui l'agaçait sérieusement !

Elle ne fit ni une ni deux, et décida de claironner à tout va, chez les voisins alentour, que le voleur se retrouverait un jour ou l'autre en prison ! Qu'à cela ne tienne, il finirait bien par se faire prendre, et tant pis pour lui ! En voilà des façons ! Vaurien, va !

Non loin de là, un pauvre commis exploité à souhait par un paysan sans scrupule travaillait très dur, la plupart du temps, le ventre vide ! Oh ! Oui ! C'était hélas pratique courante... Et ce pauvre bougre ne trouva aucune autre solution que de chaparder quelques victuailles chez la voisine !

Ayant ouï dire que la Léontine était bien décidée à sévir, notre malheureux commis, brave bougre s'il en est un, griffonna au crayon sur un bout de papier du *Journal de Roanne* :

« *éié don pitié de clui qu'a fin pacequi reviendra surment.* »

Et...

Il signa !

!!!!!

10

Tacot - tac !

P*as facile avec le tacot* qui desservait toute la Côte Roannaise de garder son calme !

D'abord, cette sacrée « Pinguely » crachait noir, polluait à tout va, et surtout, surtout calait dans les montées !

— Ah ! Cré vindieu ! juraient les hommes qui, « habillés en dimanche », se voyaient contraints de descendre pour... pousser !

Pire encore, il déraillait... Mais alors, avec une facilité déconcertante ! Les Villemontois, le jour de l'inauguration de la célèbre ligne, attendirent de longues heures...

— Paraît qu'il a déraillé vers Mayençat, s'écria l'un d'eux !

— Ah ! La belle affaire qu' c'te invention, va ! répliquèrent les incrédules.

Or, un chauffeur se distinguait particulièrement ! C'était un brave type, mais qui avait un fichu penchant pour la dive bouteille ! Et le vin de la Côte, légèrement piquant, ne lui déplaisait pas ! Il n'était pas rare que notre hurluberlu arrête le petit train au gré de son humeur et de sa pépie ! Les voyageurs attendaient patiemment que le « cheu-cheu » se soit rincé le gosier !

Oui, le « cheu-cheu », car ce pauvre bougre était affublé... par-dessus le marché... d'une malformation linguale !

C'était le « cheu-cheu » par ci, le « cheu-cheu » par là ! Oh ! Pas mauvais gars pour deux sous ! Non, mais pas bien fut'fut' ! Qu'importait ! Tout le monde l'appréciait bien tout de même, malgré quelques sarcasmes et quolibets moqueurs !

Les gosses quant à eux ne rataient jamais une occasion de le faire enrager !

Un jour, voilà que la loco s'immobilisa au beau milieu de la côte de Villemontais. Le « cheu-cheu » descendit en jurant :

— Ah ! Milliard de bordel de b... Allez, vous autres, dechendez don' et pouchez, pouchez ! Allez, pouchez vindieu ! Pouchez don' plus fort !

— Oh ! Le « cheucheu », t' nous embêtes ! répliquèrent-ils en chœur.

— Pouchez, pouchez ! criait-il en gesticulant.

Rien à faire ! Ce jour-là, les hommes malgré leur bonne volonté, n'arrivèrent pas à faire avancer le tacot. Le « cheu-cheu » descendit et hurla aux enfants qui rigolaient de cette situation :

— Chales goches, deschendez et pouchez don' au lieu de faire les idiots !

Alors, un des mômes répondit :

— Oh ! « Cheu-cheu », on est là par la volonté du peuple et on n'en sortira que par la force des baïonnettes !

Furieux, le « Cheu-cheu » s'exclama :

— Qui ch'est qui a dit cha ?

— Mirabeau, répliqua un gamin en riant !

Du tac au tac, le « Cheu-cheu » ordonna :

— Alors, dis-lui à che Mirabeau de dechendre et de venir poucher tout de chuite !!!

!!!!!

En bref... En bref... En bref... En bref... En bref... En bref...

Dans une ferme vivaient le frère et la sœur, paysans de leur état, et ce depuis le jour de leur naissance. Jean-Louis, vieux garçon et Marie-Louise, mère de deux filles. La cadette accompagnée de son mari avait pour habitude d'emmener sa maman et son oncle une fois l'an en promenade. En effet, Jean-Louis réputé casanier, voire sauvageon, ne quittait quasiment jamais sa ferme et le jour choisi pour l'escapade annuelle prenait allure d'épopée !

Il n'acceptait d'ailleurs de partir qu'à condition qu'une personne surveille la maison et les bêtes en leur absence, sinon pas question !

Pour ce faire, il chargeait un vieil ami, le p'tit Jean, homme de confiance s'il en est un, de « venir garder ».

Ce brave bougre reclus dans sa fermette ne connaissait rien aux pratiques modernes se répandant dans les campagnes les plus reculées, en l'occurrence le téléphone.

Alors que méticuleusement, il s'acquittait de sa tâche, voilà que cet engin bizarre se mit à sonner !

Il sursauta, peu familiarisé à cette sonnerie ! Dring, dring, dring ! Une fois, puis deux et trois etc., etc., puis plus rien. À peine eut-il repris ses esprits que le carillon de cette fichue invention retentit à nouveau, plus longuement... Le p'tit Jean s'en trouva fort contrarié... et cette sonnerie qui n'en finissait pas... Alors s'armant de courage, il décrocha le combiné et hurla :

— "Où z'a parsoune" (Il n'y a personne) ! Et il se sauva en courant, terrorisé !

!!!!!

Peu après la guerre, un pauvre diable bien benêt rencontra un copain d'enfance perdu de vue depuis les bancs de la communale.

— Vouèla vouèla ! Léon ! C'est don' toi ! Ah ben ! J' suis content de t' voir tè don' ! Y a si longtemps ! Comment que te vas ?

— Ben ! Mon Dieu pas mal mon vieux Firmin, et toi ? Qu'est-ce que tu fais ?

— Oh ! Je travaille de droite et de gauche, dans les fermes. Tiens, même que l'autre jour, chez les Dupont, on a parlé de ta famille.

— !...

— Mais dis-moi donc, c'est-y toi ou ton frère qu'a été tué à la guerre ?

— Ben ! Mais t'es trop fou, Firmin ! T' vois ben que j' suis vivant, allons !

— Oh ! Ben tant mieux ! J' suis bien content pour toi que ce soit ton frère ! répondit le brave bougre en accompagnant ses paroles d'une grande claque amicale sur l'épaule de son copain... Tè don' !

!!!!!

Le Titi frappa à la porte de sa voisine :

— Bien l' bonjour, mère Rapine, dit-il en franchissant le seuil de la maison. Je viens vous souhaiter la "boune année et la boune santé" !

— Ah ! Vous êtes bien brave de penser à moi, tiens ! Bien brave ! "Stivous don'. Vous berrez ben la goutte" (Asseyez-vous ! Vous boirez bien la goutte) ! Sous-entendu de gniole ! Évidemment !

L'incontournable gniole qui fêtait les évènements heureux, consolait les malheureux, stimulait les ardeurs, activait l'orgasme gastrique, soulageait les maux toutes sortes, et surtout enivrait plus rapidement que le gros rouge !

— J' voudrais pas déranger...

— J'ai pas beaucoup de visites, alors c'est tout le contraire !

— Oh ! Allez ! Un p'tit ! Histoire de trinquer à la nouvelle année ! répondit Titi d'un ton placide.

La brave vieille ouvrit les portes du grand buffet, saisit un verre, puis se ravisant... trop grand ! pensa-t-elle... en choisit un autre tout petit, ce qui n'échappa pas à notre filou de Titi ! Elle le déposa devant lui et le remplit à moitié.

— Dites voir, mère Rapine, s'enquit le voisin, vous n'auriez pas, par hasard un bout de ficelle ?

— De la ficelle ! Oh ! Que si ! Mais pour quoi faire ? Y en faut t'y "que vaille" (beaucoup) ?

— Pas trop... cinquantaine de centimètres...

La vieille se leva et rapporta un peloton. Titi en coupa un bout et l'attacha au pied du verre de gniole.

— Mais qu'est-ce que vous faites donc ? questionna la grand-mère.

— Ben ! Il est tellement petit que j'ai peur de l'avaler...

!!!!!

Dans une ferme, les vendangeurs travaillaient d'arrache-pied. Le temps épouvantablement maussade en ce début d'automne perturbait le bon déroulement du travail et contraignait les hommes à s'échiner sous la pluie, dans le froid qui leur gelait les doigts, et dans la boue s'accrochant aux sabots. L'heure du "dix heures" sonna enfin !

Le paysan et sa femme, réputés pingres à l'extrême apportèrent le panier de casse-croûte. Quelques morceaux de pain et du saucisson que la fermière munie d'un grand couteau commença à couper en fines, fines tranches...

— Coupez plus épais, va... on voit le jour à travers nom de Dieu ! grognèrent certains vendangeurs affamés et transis de froid.

— Oh ! Taratata ! répondit la mère grippe-sous ! Il faut jamais faire des tranches épaisses... c'est bien meilleur quand elles sont fines !

— Bordel de bordel ! Coupez rien que plus gros, sommes point délicats nous autres...

!!!!!

Toute une famille se trouvait réunie auprès du grand-père bien mal en point. *A priori*, ses heures étaient comptées, en tout cas, le pensaient-ils ! Le brave vieux n'en finissait pas de râler, et dans l'obscurité de la chambre planait une atmosphère lourde d'émotion. Les uns et les autres se relayaient, qui munis d'un chapelet, qui d'une branche de buis béni. Ils allaient et venaient, échangeant quelques propos et impressions sur l'état du pépé.

— Ça devrait p't-être plus bien tarder à présent ? chuchota une des filles.

— Oh ! J' pense que ce sera bientôt fini, va ! hasarda l'autre.

— Mais au fait... on n'a pas préparé ses affaires pour l'habiller ! répliqua l'aînée.

— Flûte ! Bien sûr ! T'as raison. Vite ! Il faut chercher son costume... Où est son costume ?... Tu sais, toi ?...

— Ben ! Euh non ! Demande à Dédé !

— Ben ! J' sais pas non plus... Demande à Fanfan !

— Pff ! Qu'est-ce que j'en sais moi ! J' l'ai jamais vu sur son dos alors ! Demande à Dudu !

— Pouuuh ! Aucune idée ! J' savais même pas qu'il en avait un !

Et à ce moment précis, à la grande surprise générale, le brave grand-père du fond de son lit, s'écria :

— Dans le placaaard !

!!!!!

11

Les clefs du plaisir !

Dans un très joli petit village médiéval, les habitants vivaient paisiblement, entre les traditionnelles veillées et les fêtes locales où chacun se retrouvait dans une ambiance bon enfant. Or, un jour, peu après la guerre, une véritable révolution secoua nos braves villageois !

Une femme, outrageusement fardée, fit son apparition ! Personne ne savait d'où elle venait et... le pourquoi... et le comment... de cette arrivée pour le moins inopportune !

Bizarrement, les femmes épiloguèrent le plus à son encontre !

— "Suremin, qu' l' avau queque chose à s' reprocher la gate ! On quittau pas sa tarre com'y tien" (Elle avait certainement quelque chose à se reprocher cette femme car on ne quitte pas sa terre comme cela) !

La Sylvette, c'était son prénom, laissait apparaître un sourire enluminé de dents en or qui brillaient de tout leur éclat ! Rapidement, notre Sylvette troqua ses habits grossiers contre des tenues beaucoup plus... Comment dirions-nous aujourd'hui ?... Sexy.

— Ah ! La garce ! Il nous manquait que ça par chez nous, va ! On était bien tranquille, nous autres, qu'est-ce qu'elle est venue faire là ?

Qu'à cela ne tienne ! Nos braves paysannes passèrent le mot et décidèrent de se rendre en véritable délégation auprès de monsieur le maire !

— Vous savez, elle nous plaît guère la nouvelle bourgeoise qui s'est installée par chez nous, lui dirent-elles !

— Voyons mesdames, que se passe-t-il ? Pourquoi lui en voulez-vous ? Que vous a-t-elle fait ?

— Beennn ! À nous... rien pour le moment ! Mais vous voyez ben, m'sieur l' maire, qu'elle a des façons paaass... comm' il faut !

— Ah ! Vous croyez ? demanda-t-il. Alors, si un jour cette nouvelle recrue devait mal se conduire, je me verrais dans l'obligation de sévir... mais pour l'instant... je ne retiens contre elle aucun chef d'inculpation de quelque nature que ce soit !... Donc !

Les braves épouses s'en allèrent penaudes, mais pas résignées pour autant !

Elles avaient vu juste forcément ! Sur son balcon, séchaient des culottes en dentelle ! Non mais ! En voilà des manières ! Et pire encore ! Depuis quelque temps, la Sylvette se rendait régulièrement au bistrot et fumait la cigarette avec un sous-entendu : « Suivez-moi, jeune homme ! »

— Si Si ! La cigarette madame ! J' t'en foutrais moi, tiens ! Oh ! C'est pas l' travail qui la tue ! “Où pout ben faire sa fiare” (Elle peut bien faire sa fière) !

Ses longs doigts parés de bijoux tenaient voluptueusement son fume-cigarette en ivoire et argent, alors que ses jambes croisées se balançaient négligemment. La mère Briquet, buraliste de son état, redoutait sa visite. Elle lui demandait toujours des marques de luxe que dans sa boutique exiguë, elle ne possédait pas. La clientèle de madame Briquet se tournait plus volontiers vers « les roulées » également nommées « cousues », qu'elle fabriquait elle-même à l'aide de sa « machine à rouler » rangée dans une boîte recouverte de bois précieux.

Elle ne parlait pas la Sylvette, mais souriait en toisant les hommes d'un regard souligné de khôl qui approfondissait encore le bleu de ses yeux. Le vermillon de ses ongles assorti à son rouge à lèvres conférait une provocation sans équivoque ! Les clients se bousculaient et la réputation de la Sylvette eut tôt fait de franchir les limites de la bourgade !

Où prenait-elle tout cet argent qu'elle dépensait sans compter ?

Jamais aucune réponse de sa part ! Elle se contentait de sourire ! Vous savez, ce sourire qui en dit long sans pour autant rien dévoiler ! Mystérieux ! Enigmatique ! Aguichant !

Les messieurs l'appréciaient énormément et essayaient le plus discrètement possible de profiter de ses charmes cachés sans attirer les moindres soupçons sur leurs désirs extraconjugaux ! Quand un célibataire, « un vieux garçon » comme il était coutume de dire à l'époque se payait un moment de grand frisson dans les bras de la Sylvette qui ouvrait pour lui la boîte de Pandore en de véritables bacchanales publiques, elle laissait sa porte entrouverte... histoire d'initier la jeunesse locale à quelques ébats que la morale interdisait !... Les gosses lorgnaient en rigolant et partaient colporter à qui voulait l'entendre qu'aujourd'hui, « le gros Nestor avait ben remué d' la croupe sur la Sylvette » ! ...

Les honorables épouses indignées faisant fi de la tolérance inacceptable de l'élu s'en allèrent trouver monsieur le curé. En voilà ben un qui dira que'que chose quand même !

Mais que pouvait-il interdire, le brave vieux prêtre ?

— Si vous croyez que vos maris viennent se confesser chaque fois qu'ils vont voir la Sylvette, leur dit-il, vous vous trompez !

Décidément, personne ne viendrait donc au secours de nos pauvrettes !

Il faut dire qu'elle savait y faire la gate ! Elle avait un cœur gros comme ça ! Souvent, elle se rendait à la sortie de l'école et distribuait des sacs de bonbons aux gamins, en souriant, toujours avec ce sourire... énigmatique ! Quelquefois, elle leur donnait des biscuits et pour Noël, des papillotes ! Un vrai trésor, à cette époque. Sa générosité discrète pour les indigents devint légendaire. Ce personnage intriguait finalement plus qu'il ne fascinait !

Mais si Sylvette parlait peu... elle écoutait !

Or, un jour, monsieur Fidèle, un notable, « un homme bien comme il faut », « bien prop' sur lui », au-dessus de tout soupçon, forcément ! s'indigna publiquement de cette immoralité au vu et au su de tout le monde ! Lui, en tant que... allait remédier à cette situation qui ne pouvait durer indéfiniment ! Et prendrait les décisions qu'il jugerait nécessaires !

... Quelques jours plus tard... Sylvette se rendit à la mairie...

Sortant de son sac à main un trousseau de clefs, elle dit d'une voix doucereuse et ironique :

— J'ai ouï dire que madame Fidèle avait déclaré la perte de ses clés...

Elle tapotait le bureau du maire de ses longs doigts... presque en cadence... ses grands yeux bleus scrutant la réaction de l'élu... puis, elle ajouta en souriant...

— Tenez, reportez-les-lui... C'est son mari qui les a oubliées chez moi hier après-midi alors que madame faisait ses courses en ville... J'aurais pu les lui donner moi-même, mais j'ai cru bien faire en prenant la voie officielle. Vous comprenez, s'il arrivait un vol ou autre chose... d'i-mmo-ra-le, je ne voudrais pas être incriminée ! Sylvette prononça les syllabes distinctement, fortement, sans détourner son regard, un rictus au coin des lèvres...

Le maire resta interloqué, comme pétrifié !

Notre péripatéticienne se retourna sur le seuil de la porte et murmura... en souriant avec un... haussement de sourcil quasi compatissant:

— Vous pouvez peut-être les rendre directement à monsieur Fidèle... sans passer par... madame !...

!!!!!

12

Le veuf joyeux !

Roger le boulanger s'activait dans son fournil. **Dehors, la nuit était claire. La pleine lune baignait de sa clarté bleuâtre les ruelles tortueuses de ce joli petit village. Le ciel d'hiver pétillait de milliers d'étoiles et la neige recouvrait de son hermine la campagne endormie. Seuls quelques chiens se répondaient d'écho en écho alors que la chouette-effraie hululait. Tout était calme et tranquille ! Enfin, tout au moins notre boulanger le croyait-il !...**

Mais, il lui sembla entendre quelque chose... Un peu comme un cri... Puis plus rien !

— Tiens, se dit-il, c'est bizarre !

Il prêta l'oreille quelques instants et se remit au travail. Dans son pétrin, il brassait la pâte à pain, lorsque... de nouveau, il lui sembla...

— C'est un homme qui crie ! se dit-il.

Roger sortit sur le pas de la porte, regarda aux alentours, écouta attentivement... Rien !

Étonné, il entra puis se ravisant, il réfléchit :

— Y a ben la mère Debois qu'était pas bien d'aplomb ces derniers temps, mais le Jean, surnommé

Jeannot, et selon les circonstances, Nanot le cocu, son mari n'en avait pas mieux dit, alors ! Notre boulanger en souriant ne put s'empêcher de penser que c'te sacrée Marie Debois, mauvaise comme elle était, y aurait qu'un coup de massue pour la tuer ! Il jeta un coup d'œil ici et là... rien !

Et le voilà revenu au fournil. À peine eut-il le temps de se remettre à l'ouvrage qu'il entendit nettement cette fois-ci une complainte !

— Ah ! Mais enfin, je rêve pas quand même ! D'autant que ce boulanger-là était réputé sobre !

Il se précipita dans la rue, retint son souffle, scruta les environs. Au loin, sur la place il aperçut une silhouette... adossée à un tronc d'arbre. Roger hésita, puis s'approchant avec méfiance crut reconnaître... le Jeannot ! Mais que pouvait-il bien faire à une heure pareille, dehors, dans la froidure hivernale ? La Marie l'aurait-elle foutu à la porte encore une fois ?

— Le Nanot ? cria-t-il, c'est y bien vous ?

Oh ! bien sûr le père Debois était un brave, brave bougre, tout benêt pauvre diable ! Ben oui, pour sûr, pas méchant pour deux sous, tellement qu' la Marie, elle avait pas été gentille avec lui ! Oh ! Mais pas gentille du tout ! Et lui, l' pauvre ch'tit malheureux, eh ! Ben ! L'avait bien pâti, va ! L'était pas même fichue d' lui faire la soupe ! Mais s'en plaignait pas trop d' sa bourgeoise ! "I' diso ren" (il ne disait rien) !

— Le Jeannot, insista Roger, c'est y bien vous ? "Qué qou za" (qu'y a-t-il) ?

Alors, l'homme s'approcha. Il marchait à tout petits pas, saccadés, en branlant la tête, les mains dans le dos...

— Hou ! La Marie est morte... Hou ! La Marie est morte ! criait-il en trottinant rapidement. Puis s'arrêtant, il ajoutait :

— Vieille garce, vieille garce... m'en a ben trop fait voir... m'en a ben trop fait voir !...

Trotte-menu, il continuait à arpenter les rues et rabâchait :

— Hou ! La Marie est morte ! Hou ! La Marie est morte !... Vieille garce, vieille garce... m'en a ben trop fait voir... m'en a ben trop fait voir !

Quelques volets grincèrent en s'entrouvrant, dissimulant des visages à demi-endormis.

Des voix d'hommes montaient dans la nuit :

— "Qu'é qu'ou z'a" ?

— "Oué la Marie Debois qu'a sarré son paraplun" (C'est la Marie qui a fermé son parapluie) !

Et Jeannot, tête branlante et langue en verve, criait crescendo :

— Hou ! La Marie est morte ! Hou ! La Marie est morte ! Vieille garce, vieille...

Le Toine Boitrop et son compère Louis Sansoif, eux aussi réveillés par ce tumulte inhabituel, décidèrent de réconforter leur vieux copain, et pour ce faire, présentement, un seul moyen : boire un bon canon !

Notre veuf éploré joyeux acquiesça bien volontiers ! Pensez donc ! Il ne craignait plus, désormais, les coups de tisonnier distribués sans vergogne par feue son épouse irascible ! Alors, nos trois amis s'installèrent autour de la table. Ils burent toute la nuit, et au petit jour, les tourtes du boulanger n'étaient pas les seules bien cuites ! Qu'importe ! Ils se couchèrent et dormirent. Le Jeannot, troublé vraisemblablement dans son subconscient, s'éveilla le premier, et pleurnicha sur son sort :

— Hou ! La ...

— Tais-toi, grognèrent les deux « acolytes alcooliques » !

Et afin de noyer son chagrin, ils se remirent à boire, et boire et boire encore et encore !

Une cure de sommeil succéda à une cure de beuverie, et ce, durant deux jours ! Le glas tira de leur torpeur le Jeannot et ses copains !

— Hou ! La Marie est morte ! Hou ! La Marie est morte !

— Ouais ! Même qu'ils sont en train de l'enterrer ! répliqua Louis Sansoif.

Les villageois réunis dans l'église priaient pour le repos de la défunte, lorsque le brave bougre entra tout penaud, la casquette à la main...

Le curé lui signifia d'un froncement de sourcil sa désapprobation ! Contrairement à ce qu'il supposait, il ne s'agissait nullement d'une réprimande concernant son attitude... si ce n'est bénie, tout au moins, pardonnée... compte tenu des circonstances atténuantes ! Non ! Mais, ce sacré vieux bougre ayant emporté les clefs de la maison, obligea le menuisier à entrer par effraction, ce qui retarda l'heure prévue de la messe...

Pas si grave, direz-vous ! Eh ! Bien si ! Car, figurez-vous que cette vieille sorcière de mère Debois fut enterrée le jour des conscrits ! L'heure matinale choisie dut être reportée l'après-midi... tandis que nos jeunes recrues attendaient impatiemment, enfermées au bistrot, que le cortège quitte le bourg, pour qu'enfin, à grands renforts de trompettes, tambours et clairons, ils puissent... après des heures, et des heures interminables d'attente, laisser libre cours à la liesse de leurs vingt ans !

— Elle nous aura empoisonné la vie jusqu'au bout !

Le Nanot crut indispensable de présenter toutes ses plus plates excuses hyperboliques à cette jeunesse respectueuse malgré tout des convenances. Excuses acceptées et... copieusement arrosées ! Bouleversement transcendantal dans l'existence du Jeannot qui, en trois jours, se retrouva, veuf, libéré, saoulé, et mascotte des conscrits... alors, finalement, hein !...

!!!!!

13

Ah ! Bonne Mère !

L*e car emmenait en cette fin d'été* les adhérents du club du troisième âge en balade. Toutes nos petites mamies et nos petits papis « habillés en dimanche » se retrouvaient comme chaque année « pour bouffer » le reste de la cagnotte ! Il faut dire que ce club à forte dominante rurale se portait plutôt bien ! L'état des finances gérées par la trésorière affichait un excédent non négligeable. Tout au long de l'année, chaque personne apportait son écot, qui par ses travaux manuels, qui par sa contribution en nature. C'était pour beaucoup d'entre eux l'occasion de se retrouver, de bavarder, de jouer aux cartes, à la pétanque, de préparer la vente annuelle des travaux artisanaux proposés au public.

En ville, aujourd'hui, nous avons peut-être oublié l'importance et la valeur de ces réunions conviviales à souhait ! Certains se connaissaient depuis les bancs de l'école ! Soixante, soixante-dix ans, voire plus, de vie partagée ! Dans nos campagnes, la génération d'avant-guerre ne quittait pas souvent ses racines ! C'était ainsi ! Tout un chacun vivait avec ses voisins, partageait les peines et les joies !

— Alors « à présent qu'on se fait pas tout jeune », pensez donc si ça fait plaisir de se retrouver au club ! Oh ! On parle ben un peu d' nos douleurs qui nous mènent la vie dure, mais après, on s'amuse bien entre nous ! Et s'il nous arrive d'avoir la langue « un peu trop longue » sur telle ou telle personne, Oh ! Faut pas « y prendre à mal » parce que, vous savez, c'est jamais méchant, « juste histoire de causer » !

Dans le car, chacun raconte la sienne ! ... De la plus salace à la plus mignonne ! De la plus gouailleuse à la plus subtile !

... Et puis, l'un de nous pousse sa chanson préférée... celle que tout le monde connaît et reprend en chœur ! Jusqu'au chauffeur qui gentiment se joint à la liesse générale.

Ça fait oublier ses misères et ses soucis, et puis ça permet de voir des choses qu'on ne connaît pas par chez nous !

Comme ce jour où le car stoppa dans une région, près d'une ville réputée pour ses deux très belles statues de la Vierge.

La première, dominant une colline représente Marie les mains jointes et le visage tourné vers le ciel, alors que l'autre en contrebas la propose les bras écartés en direction de la terre, la tête légèrement penchée en avant, le regard fixé sur le sol.

— Tiens, questionna la mamie Curieuze, comment se fait-il qu'il y ait une statue qui regarde le ciel et l'autre la terre ?

La Louise prenant la parole, avec son sens inné de l'humour, répliqua d'un air détaché :

— Eh ! Ben pardi ! Celle d'en haut regarde le ciel en joignant ses mains comme pour dire : « Mon Dieu que les hommes sont bêtes » alors que l'autre paraît répondre désolée : « Eh ! Ben ! Qu'est-ce que vous voulez que j'y fasse » !...*

!!!!!

---

* **Note de l'auteur : Et c'est tellement vrai !**

14

Bravo !...

C'*était un soir de Noël !* Comme chaque année, les deux fermes voisines et amies s'apprêtaient à fêter ensemble la belle nuit de Noël ! La plus belle nuit de l'année !

Une année chez l'une et une année chez l'autre ! Depuis longtemps la tradition perdurait. Ils étaient bien croyants ces paysans-là et ne manquaient jamais la messe du dimanche et encore bien moins les « fêtes carillonnées » ! Celles que même « les plus tièdes » (les moins fervents) ne se seraient pas risqués à manquer !

— Pensez donc ! "Fallau ben crère en séqué" (fallait bien croire en quelque chose) !

Dans l'après-midi, les hommes nettoyaient soigneusement les écuries, brossaient les bêtes, car... la coutume disait que la nuit de Noël, le petit Jésus passait visiter les étables en souvenir de sa naissance ! Ils savaient tous bien sûr qu'il ne s'agissait que d'une légende !... Et alors, il est de ses histoires qu'on se plaît à croire ! Comme nous croyons au Père Noël ! Mais au moins, celle-ci était fondée sur du vrai, alors !

Cet hiver-là s'annonçait particulièrement froid. Ah ! Une froidure pareille ! Plus d' vingt ans qu'on n'avait pas eu la pareille ! Si bien que les travaux s'en trouvaient tout chamboulés ! Pas moyen d'arracher les topines ! Le sol, dur comme la "piarre" (pierre), craquait sous les sabots. Ils avaient beau essayer d'en arracher quelques-unes avec la grapine, rien à faire.

— Et pourtant, hiver ou pas, froidure ou pas, les bêtes mangent malgré tout, disaient-ils en se lamentant.

Or voici que, en cadeau de Noël, le temps « s'était remis au doux » ! La terrible bise qui transperçait tout en figeant, tels des squelettes, arbres et haies torturés et crevassait la terre, se calmait. Le ciel désespérément clair des nuits glaciales se couvrait de gros nuages blanchâtres chargés de neige.

— Y a rien à faire, "lu fennes" (les femmes), faut arracher d' topines c't après-midi, parce que, allez donc savoir si la neige arrive... déclara Jules.

— Eh ! Ben ! Si l' père le dit, faut y aller !

Voici donc toute la maisonnée partie au champ, grapine sur l'épaule et paniers en main, Lulu, la mère en tête. Et il faisait froid, et la terre gelée en profondeur refusait obstinément de rendre les précieux tubercules ! La pauvre Lulu se frottait les mains en soufflant dans le creux de ses poings serrés !

— Ah ! Que j'ai donc froid, maugréait-elle.

— Arrache, arrache répliquait son mari en guise de compassion !

N'y tenant plus, La Lulu demanda à sa fille aînée d'aller chercher du vin chaud à la maison.

— On va en crever, dit-elle, va ma fille et ne le "plains" pas ! (Terme local signifiant, ne l'économise pas.)

Sitôt dit, sitôt fait. Notre brave Lulu avala un grand verre de vin bien chaud, puis un autre. Par trois fois, sa fille retourna à la ferme et apporta ce merveilleux breuvage qui réconfortait le cœur et le corps.

— Cré vindieu, j' t'ai jamais vu boire comme ça, répliqua le père en riant. Pour sûr que te vas te saouler, Lulu !

— Oh ! Penses-tu ! répondait-elle confiante, avec un temps pareil, aucun risque va !

La nuit tomba, et les voisins après s'être acquittés de leurs travaux vinrent passer la veillée en attendant de se rendre ensemble à la messe de minuit... Et que burent-ils en bavardant tranquillement ?... Du vin chaud !

— Allez, il va être l'heure de se mettre en route, cria l'un d'eux.

— Va chercher la lampe tempête, demanda Lulu à son fils, qu'on l'allume et... d' la route... allons voir l' curé !

— Mais, Lulu... interrogea sa voisine, je ne vous ai jamais entendu parler de cette façon ! Que diable avez-vous donc ?

Pour toute réponse, elle n'obtint qu'un immense éclat de rire ! Et se mettant debout, Lulu écarta les bras...

— Ohlala ! La tête me tourne ! J'ai p't-être abusé du vin chaud ! C'est que... J'y suis guère habituée !

Bon an mal an, ils se mirent en route. La neige tombait maintenant sur la campagne endormie. Les chemins s'illuminaient au gré des lampes-tempête. Ils hélaient les voisins qui, se joignant à eux, grossissaient ces cortèges de paysans se rendant à l'église. Notre Lulu, femme gaie et dynamique, chantait à tue-tête !

— Veux-tu donc te taire un peu ? grommelait son mari.

Mais elle était ivre tout simplement, et laissait éclater sa bonne humeur ! De toute manière, son époux n'avait pas souvent le dernier mot ! Un jour qu'il lui reprochait ses visites assidues à ses parents, elle répliqua vertement avec un aplomb qui ne demandait pas de réponse :

— Ah ! Oui, tu trouves que je vais trop voir mes vieux parents ! Eh ben, t'avais qu'à prendre une fille de l'assistance !

Une autre fois, Lulu caressait son chien, pratique peu courante à l'époque !

— Ohlala ! C'est qu'un chien après tout, reprocha le mari bougon.

— Eh ! Mais j' t'ai jamais dit qu' c'était une vache !

Si bien que Jules, craignant peut-être quelques esclandres, se taisait ! Les cloches sonnaient à toute volée et ils entrèrent dans la belle église romane. Lulu s'affala sur une chaise. Le prêtre, dos à la foule, célébrait la messe. Rompant le silence respectueux de l'assemblée, des ronflements sonores fusèrent ! Jules secoua sa femme... certains fidèles se retournèrent, le regard réprobateur ! La tête de Lulu roula sur l'épaule de son époux désemparé ! Des ronflements sonores et saccadés résonnaient entre le *Dominus vobiscum* et le *Et cum spiritu tuo* !

Il était mal à l'aise notre bon paysan ! Que vont dire les gens ?

Lulu dormait à poings fermés et ne se souciait pas du tout du qu'en-dira-t-on !

Après la lecture de l'Evangile, le père Monciel monta en chaire. Et le voilà en pleine homélie,

expliquant la naissance du fils de Dieu dans une étable...

Lorsque tout à coup, Lulu se réveillant en sursaut, bondit hors de son siège, applaudit à tout rompre et cria :

— Bravo, bravo ! Voilà un type qui sait parler aux femmes !

À part quelques pincés, le fou-rire fut général... et Lulu, toute penaude !

Mais un soir de Noël, le petit Jésus pourrait-il ne pas pardonner une humble paroissienne qui avait eu si froid en arrachant ses topines ?

!!!!!

15

Ah ! La dérlpette !

C'*était jour bien triste aujourd'hui* pour le Barnabé Sanlsou, surnommé l' Babé ! Sa pauv' vieille mère venait de défunter à l'hospice de Roanne et serait enterrée cet après-midi. Oh ! Que voulez-vous, c'est ben vrai qu' l' Babé, y avait pas r'vu sa mère depuis que' ques années ! Oh ! Il lui voulait pas mal ! Non, non ! Mais fallait descendre à la ville, et de la ferme qui l'employait en tant que commis... ça f'sait un sacré bout de chemin ! Alors, la vie passa ainsi ! Les petites sœurs des pauvres si dévouées prodiguèrent certainement les meilleurs soins possible à cette humble créature du bon Dieu.

N'empêche qu'aujourd'hui, l' Babé devait absolument descendre à Roanne !

10 heures sonnèrent au clocher, et notre fichu bougre restait toujours attablé au bistrot ! Et vas-y que je bois un canon, un deuxième... et puis... Oh ! Allez... encore un ch'tit, va !

— Dis donc, patronne, remets-en donc un autre... C'est que... j'ai ben trop d' chagrin “d'avère perdu ma poure vieille mère” !

— Arrête de picoler comme ça, répondait la... « patronne » !

— Allez, l' dernier... et j' me sauve, insistait l' Babé en bavant sur la table. Et les chopines se vidaient et Barnabé se saoulait...

— Te voilà joli, grommela Titine, la tenancière ! Ah ! Pour sûr ! T'es beau ! Si ta pauv' vieille mère, comme tu dis, te voyait... Tiens ! Elle se tenait debout près de lui, les mains sur les hanches, laissant apparaître un ventre rebondi !

Le brave bougre, l'œil un peu brillant, la morve au bout du nez qu'il essuyait d'un revers de manche, et les plis du menton noir de crasse et de vinasse dégoulinante, pleurait :

— Bouhou hou ! Ma pauv' vieille mère qu'est morte ! bouhou hou !!

— Arrête donc de couiner comme ça tiens ! Tu m'énerves ! renchérit Titine.

— Bouhou hou ! C'est que j'ai rien d' propre pour m' foutre sur le cul, pleurait l' Babé ! Bouhou hou !

— Mais tu vas quand même pas me faire croire que tu vas descendre à Roanne dans cet état-là ? Hein !

— Bouhou bouhou ! J' suis trop à plaindre ! Paie-moi donc un canon ! Ça me soutiendra !

Le temps passait... Et son état... empirait ! Quelques acolytes assis sur la banquette en moleskine rouge sirotaient lentement leur chopine, lorgnant notre Babé qui pleurait et riait ! Enfin, il ne savait plus trop !

Bébert le borgne entra à son tour ! "Aïe don'" ! Manquait plus que lui ! Il devait son surnom à l'état de ses yeux brûlés à la naissance par un collyre probablement administré à mauvais escient par une sage-femme dont l'incompétence notoire se doublait trop fréquemment d'un état éthylique avéré... Personne

ne sut vraiment le fin mot de l'histoire. Toujours était-il que le Bébert ne voyait que la « moitié de son saoul » ! Mais, brave qu'il était ! Ohlala ! L'aurait pas fait d' mal à une mouche ! Voyant son bon compagnon de chopine dans cet état, il lui proposa son aide :

— T'en fais pas, l' Babé, j' m'en vas t' prêter mon complet du dimanche ! Y d'vrait ben être à peu près d' ta taille ! Oh ! Et puis, c'est pas si juste. Ça f'ra ben ton affaire !

Sitôt dit, sitôt fait ! V'là notre vieux bougre vêtu tout d' frais, dis donc ! L'avait pas pris l' temps d' se laver ! Ah ! Ben on peut pas tout faire quand même ! Et le voilà fin prêt à se rendre à la ville ! En savait-il encore la raison ?

— Imbranlable ! Il est imbranlable ! goaillait la Titine en levant les bras au ciel.

— Ouais, répondirent les piliers de comptoir, n'empêche que vous avez bien pris ses sous quand même ! Pas la peine de le critiquer !

Il se mit en route... à pied ! 10 km. Comble de malchance, la pluie se mit à tomber, fine, puis en rafale ! L' Babé était transpercé ! Et il jurait ! Et il tempêtait ! Enfin ! Il arriva à la porte de l'hospice, trempé, sale, lamentable. La sœur portière supposant qu'il s'agissait d'un clochard lui amena un casse-croûte !

— Tiens, pensa-t-il, on est bien reçu par chez elles ! Voilà qui va me remonter !... Bien bon ma foi, bien bon, bien bon !

Puis se ravisant, il s'adressa à la religieuse :

— C'est pas l' tout ! Mais c'est qu' moi, j' suis pas d' là ! J' suis v'nu enterrer ma pauv' vieille mère ! Où dont qu'elle est ?

— Si c'est de madame Sanlsou dont vous parlez, les funérailles ont eu lieu cet après-midi à 14 heures. Vous arrivez trop tard monsieur ! Allez, rentrez chez vous !

— Bouhou hou hou ! J' suis arrivé trop tard ! J' suis arrivé trop tard !!

Il quitta les lieux, tout penaud ! Mais notre Babé avait eu le temps de « cuver » ! Disons, qu'il se sentait beaucoup mieux ! Lorsque tout à coup, vraisemblablement contrarié par cette situation... à moins que ce ne soit le casse-croûte de la bonne sœur... le voilà saisi de gargouillements et de coliques... mais alors... quelque chose d'affreux !

— Oh ! Cré vindiou ! J'ai besoin de... milliard de D... J'ai trop besoin...

Il se mit à courir comme un dératé, enfila la rue du lycée et... ne pouvant plus tenir... posa culotte au beau milieu de la rue !

Les passants s'indignèrent, protestèrent, l'insultèrent :

— Espèce de sale péquenot, cul terreux... quelle honte !

— M'en voulez pas ! M'en voulez pas ! criait notre brave paysan... j'ai la déripette ! J'ai la courante !...

Les femmes détournaient leur regard, l'air dégoûté, et partaient en trottinant les robes retroussées ! Les gosses riaient aux éclats, s'accroupissant pour mieux voir !

Mais comble de malchance, quelques bien pensants se crurent obligés d'alerter la police ! Le pauvre Babé, son auguste postérieur à l'air dans la rue du lycée, fut interpellé !

— “J’ voulau pas faire d’ma à parsoune, j’avau la courinte” (J’ voulais pas faire de mal à personne, j’ai la déripette) !

Les deux policiers l’embarquèrent sans ménagement au poste en lui tambourinant dans les oreilles qu’il était en état d’arrestation et passible de la prison.

— De la prison ! De la prison ! Ah ! Pauvre de moi... qu’a perdu sa pauv’ vieille mère... Bouhouhou ! Qu’ c’est tout mouillé ! Qu’est arrivé trop tard à l’enterrement ! Bouhouhou ! Qu’a pris la déripette ! Bouhouhou ! Quelle journée ! Bouhouhou ! J’ veux retourner chez moi, là-haut dans ma ferme ! Votre sacrée ville, on peut même pas c... où on veut ! Moi au moins, j’ pose culotte dans mes terres sans avoir peur de me retrouver en prison ! Vous avez de drôles de façons de faire par la ville !

Un supérieur informé par le policier du délit perpétré par une espèce d’hurluberlu trouvé saoul, les fesses à l’air dans la rue du lycée, racontant une histoire abracadabrante de mère morte, déjà enterrée, de courante et que sais-je encore, arriva :

— Alors, monsieur, interrogea-t-il... Puis, mais... Barnabé ? Mais que fais-tu là, mon brave ami ? demanda le policier en lui serrant la main.

— Oh ! Mon p’tit gamin, c’est don’ toi ? répondit le « prisonnier » affolé ! Eh ! Ben, si j’ suis content de t’ voir tiens ! Ils veulent me mettre en prison et...

— Personne ne te mettra en prison mon bon Barnabé, ne t’en fais pas ! Puis s’adressant aux deux policiers il ajouta : Allez lui chercher un repas, le meilleur qui soit, au café à côté, et adressez-vous à lui poliment. Je le connais cet homme, il m’a fait sauter sur ses genoux quand j’étais môme, et si la terre ne comptait que des mécréants comme lui, sachez, messieurs, que le monde irait mieux qu'il ne va !

L' Babé regagna sa ferme le lendemain, et raconta fièrement à qui voulait l'entendre... sa journée, mais que... il se demandait toujours comment... Ils font les gens de la ville pour...

!!!!!

16

Mésaventures !

L*es commis de ferme,* ces pauvres diables dévoués corps et âme à leurs patrons, marquèrent de leur empreinte indélébile la vie rurale d'autrefois. Si hélas, certains d'entre eux, corvéables à merci et exploitables à souhait menaient une existence indigne d'êtres humains, relégués au rang de bêtes de somme, et encore... d'autres *a contrario*, bien considérés et bien soignés faisaient partie de la famille. C'était le cas de notre commis que je nommerai Bertrand, et dont je vais raconter l'histoire. Ou plus exactement quelques mésaventures, car...

... Il lui en arrivait des vertes et des pas mûres au Bertrand ! Comme la plupart des gens de sa profession, eh ! Ben ! Il aimait bien le pinard ! Alors, fatalement, les jeunes de son coin en profitaient pour lui faire des farces ! Il était bien sale et refusait de se laver ! Les rides de son front noir comme du charbon se dissimulaient sous sa casquette. Cette casquette qui servait d'étouffoir à feu ! À cette époque, où la fée électricité, de son câble magique, n'illuminait pas encore les maisons, les gens de cette ferme, comme beaucoup d'autres, s'éclairaient avec une lampe à carbure.

Il s'agissait d'un corps en métal se dévissant par le milieu, tapissé dans le fond de pierres à carbure et dont la partie supérieure était remplie d'eau. Par un ingénieux système, une molette placée sur le côté régulait le débit de l'eau qui, en coulant sur les pierres, provoquait une réaction chimique, et favorisait le dégagement de gaz inflammable. Ce gaz, dirigé par un tuyau hors du corps supérieur, pouvait alors s'allumer. Bertrand affectionnait particulièrement s'occuper de la lampe à carbure, sortant son briquet à essence de sa poche, mais selon l'heure... il revissait plus ou moins bien les deux parties, ce qui provoquait des grandes flammes tout autour.

— Ah ! Fi diou de fi diou, grommelait-il en tapant à l'aide de sa casquette sur les flammes, "où foutra l' feu", fi diou de fi diou !

Et la casquette chaque fois un peu plus crasseuse se retrouvait sur sa tête, elle aussi de plus en plus crasseuse ! Et le front de plus en plus noir !

Ce brave commis vénérait littéralement les enfants de ses patrons. Or un jour, alors qu'il se rendait au moulin porter les sacs de grain et ramener de la farine, les deux garçons l'accompagnèrent.

Pas peu fier le Bertrand, de conduire son attelage avec les petits à ses côtés. Les voilà partis. Fauvette, la jument, une brave bête qui connaissait le chemin et les habitudes de son meneur, activait le pas. Puis, tout à coup, elle s'arrêta en hennissant !

— Fi diou de fi diou qu'est-ce t'as don' ? Allez hue bourricote ! cria le Bertrand !

Elle se remit en route, et quelques mètres plus loin, stoppa de nouveau !

— Ah ! Fi diou de fi diou !

— Dis, Bertrand, pourquoi qu'elle s'arrête la Fauvette ? demandèrent les deux garçons.

— Va dont savoir c' qui s' passe dans la tête d'une bête tiens ! répliqua-t-il.

Mais les enfants comprirent très rapidement que Fauvette, bien conditionnée, connaissait parfaitement les habitudes de Bertrand et que tout simplement elle stoppait devant chaque bistrot ! Très étonnée, vraisemblablement, qu'aujourd'hui il ne descende pas !

Tout à coup, un violent orage éclata ! Le brave vieux quitta sa grosse veste et couvrit les gamins. Il était trempé ! Et la casquette crasseuse dégoulinait ! Sur son visage, de longs sillons noirs se dessinaient, coulaient dans le col de la chemise à carreaux ! Tout le monde le connaissait et l'aimait, et en le voyant ainsi mouillé lui criait :

— Oh ! Bertrand ! T' vas être propre pour de vrai mon gars ! Fais attention à toi, ça use la peau !

— Ah ! Fi diou de fi diou, "vous pouvy ben vous moquer de mé" (vous pouvez bien vous moquer de moi) !

Un soir de fenaison, comme toujours ces soirs-là, autour de la grande table de la ferme, la fête battait son plein ! Le copieux repas requinqua tous les hommes et les chopines circulaient allègrement ! Les verres se vidaient, et les têtes s'échauffaient ! Surtout celle du Bertrand ! Jusqu'au moment où tout à coup, ils le virent glisser de sa chaise et se retrouver le derrière par terre, l'air tout étonné d'avoir descendu d'un cran !

— Allez, faut aller te coucher Bertrand, dirent les gars en riant ! T'as ton compte pour aujourd'hui !

— Fi diou de fi diou ! Le cul est trop lourd ! "Où z'emportau l' reste" (ça emporte le reste) !

La joyeuse compagnie attrapa le Bertrand par les bras et les jambes et le porta à l'écurie. Ils le couchèrent dans le foin et retournèrent trinquer ! Et un canon par ci et un canon par là ! Ça rigolait ! Chantait ! Plaisantait !... Et buvait !

— Parions les gars, qu'on fait sortir le Bertrand de l'écurie et qu'on le fait laver ! lança un des joyeux lurons.

Après concertations, les voilà tous devant la porte de l'étable.

— Au feu ! Au feu ! Sortez tous ! Au feu !

Malgré son état proche du coma éthylique, l'instinct de survie reprit ses droits ! Il se précipita vers la porte que les chenapans tenaient solidement fermée !

— Au feu ! Au feu ! criaient-ils en chœur !

Et notre vieux bougre essayait de défoncer la porte à coup d'épaule ! Puis, lâchant prise, les jeunes tendirent une couverture. Si bien que tout d'un coup, les deux battants s'ouvrirent en grand, et le Bertrand se retrouva le nez... et le reste dans la couverture ! Ils le ficelèrent comme un saucisson, alors que notre pauvre diable se débattait et vociférait de toutes ses forces !

— Allez, vieux gars, on te fout dans la serve, t'y as droit !

Ah ! Le pauvre bougre, ils l'empoignèrent et le secouant comme un prunier, mimèrent un plongeon dans la boutasse :

— Vous êtes prêts les amis ? Alors, attention... et un, et deux et trois....

— Ah ! Fi diou de fi diou ! Tout mais pas ça ! Tout mais pas ça ! hurlait le bon commis.

À cette époque, ils aimaient rire et faire des farces ! Avec tout ! Avec rien ! Mais en respectant les autres malgré tout, et ne dépassaient pas les limites !

C'était juste histoire de s'amuser, pas de faire du mal ! Ah ! Non ! Ça jamais ! Alors, bien gentiment, ils le détachèrent et le Bertrand s'en retourna... beau joueur... cuver, mi-grognant, mi-souriant :

— "Sacrés p'tits cons, fi diou de fi diou, vous f'ry pas laver l' Bertrand ! Non, vous l' f'ry pas laver ! Ni unneu, ni d'man" (Vous ne ferez pas laver le Bertrand, ni aujourd'hui ni demain) !

!!!!!

17

Bon sens !

J*uin ! Le soleil au zénith dardait* ses rayons sur les coteaux de la Côte Roannaise accablés de chaleur ! Dans une vigne, un ouvrier agricole occupé au relevage courbait le dos, ceint de la traditionnelle flanelle. Il portait aussi une grosse ceinture de cuir qui retenait une gerbe de jonc. Sa chemise à carreaux trempée de sueur lui collait à la peau, la casquette délavée de travers, et la grosse culotte de velours noir rapiécée aux genoux lui conféraient cet air si particulier des paysans de l'après-guerre. Paysans... vignerons devrais-je dire ! Car évidemment, tous possédaient quelques hectares de vignoble, et en juin c'était le moment du relevage de la vigne, ce qui consistait à attacher les longs sarments chargés des jeunes feuilles et des grappes naissantes autour du cep. Ses doigts secs et nerveux tortillaient avec dextérité les joncs et la vigne prenait belle allure ! Sans discontinuité, ployant l'échine, Mimi travaillait d'arrache-pied et avançait à travers les lattes.

Or, les premiers congés payés, fort peu appréciés des ruraux, nous le comprendrons, amenaient les citadins privilégiés à la campagne. Mimi entendit une voiture ! À cette époque, la rareté de ces engins motorisés suscitait la curiosité, mais il ne se retourna pas ! Un tantinet bourru le Mimi, certes, et pas bête du tout, avec un franc-parler peu ordinaire !

— Ah ! Ça y est, pensa-t-il, voilà cette enquiquineuse de mère Ratasser qui rapplique ! Manquait plus qu'elle ! Qu'est-ce qu'elle va encore venir me casser les oreilles cette vieille taupe ! J' peux pas la voir avec ses grands airs précieux et ses balivernes qui m'énervent, mais qui m'énervent... !

« D'ailleurs, ces “monsieurs” et ces “madames” de la ville n'engendraient pas la sympathie ! Ces espèces de godelureaux pédants, envahisseurs des campagnes les “week-ends”, comme ils disent (y paraît que c'est plus à la mode que fin de semaine), et qui nous traitent de péquenot, de bouseux, nous on va pas les chercher ! Payés à rien faire, j' t'en ficherais moi ! Alors, ça vient par chez nous, ça nous regarde dédaigneux, y en a même qui trouvent qu'on pue ! Ben ma foi, z'ont qu'à rester à la ville, dans leur gratte-ciel et leur formica... Y vont se tremper le derrière dans la mer soi-disant... Pensez donc ! La serve f'rait ben l'affaire va ! Z'ont d' la veine d'avoir des sous à gaspiller... Ah ! Belle mentalité va donc ! Race de feignants ! Voilà ce qu'on est en train d'en faire... des feignants et dépensiers ! Y gagnent deux sous et en dépensent trois ! Font même des emprunts pour aller “« en campinge » faut y qu'y seillont martieau” (Faut-il qu'ils soient marteaux) ! C'est le bouquet, pfff ! “Où vou prindre l' soulè” (ils veulent prendre le soleil), ha les bredins va ! z'ont qu'à venir derrière le char de foin !

Pas manqué ! À peine arrivée, madame Ratasser vint trouver notre Mimi !

— Bonjour monsieur Mimi, lui dit-elle, comment allez-vous depuis la dernière fois ?

Elle ne lui laissa même pas le temps de répondre, et enchaîna :

— Oh ! Vous savez ! Une semaine des plus éprouvantes ! Comme je suis fatiguée ! Vous au moins, vous avez la chance de travailler au grand air ! Je vous envie monsieur Mimi !

— J' vous empêche pas d'en faire autant, marmonna Mimi sans lever la tête de son ouvrage.

Il avançait d'un pas, elle aussi ! Montait d'une latte, elle de même !

— Savez-vous qu'en plus, ce matin je suis allée à un enterrement ce qui m'a perdu un temps précieux, pensez donc ! Sinon je serais montée beaucoup plus tôt ! Mais il faut bien aller aux enterrements si je veux que l'on vienne au mien ! Pas vrai ?

— !...

— Monsieur le curé a magnifiquement prêché ! Une homélie merveilleuse ! Il a parlé de Jésus.

Mimi ne répondait pas un mot, à peine quelques grognements s'échappaient de sa bouche qu'un rictus moqueur trahissait !

Et elle parlait... et elle en rajoutait... en faisant de grands gestes... des manières à n'en plus finir... des contorsions de toutes sortes... et bla blabla... et blablabla... en deux mots, elle l'emm... souverainement !

— Vous connaissez Jésus n'est-ce pas Mimi ?

En plus elle me prend pour un idiot ! pensa-t-il. Mais il ne pipait mot !

— Il faut être croyant vous savez ! Jésus est venu pour nous sauver !

!...

— Vous semblez ne pas écouter ce que je vous dis Mimi, ou sans doute vous désintéressez-vous de la religion, mais c'est très important ! Et puis, il faut que vous soyez conscient d'une chose, c'est que le retour du Christ est proche !... Mais si, si, c'est la vérité ! Jésus reviendra à la fin des temps, et comme tout va tellement à vau-l'eau en ce moment, eh bien il faut préparer sa venue !

— !...

— Oh ! Mais, dites quelque chose enfin Mimi ! Il n'y a que moi qui cause ! Je vais finir par croire que ma compagnie vous déplaît, insista-t-elle !

— Votre Jésus, répondit-il en se redressant et étirant son dos douloureux, ça m'étonnerait qu'on le revoie par chez nous ! Vu l'accueil qu'on lui a fait la première fois ! Il est né dans une écurie, et on l'a cloué sur une croix ! Alors franchement, je pense pas qu'il ait envie de revenir !

Madame Ratasser resta bouche bée ! Mais pas longtemps ! Elle se remit à bavarder de plus belle ! Et tatata... et tatata... Mimi travaillait en silence, mais n'en pensait pas moins !

— Alors à l'enterrement de ce matin, renchérit-elle, comme je vous l'expliquais tout à l'heure, il y avait des fleurs, des fleurs ! Sûr qu'il n'est pas parti tout seul ! Un monde ! Des religieuses sont venues pour accompagner ce monsieur en sa dernière demeure... Vous pensez, c'était un homme de bien ! Je les ai comptées... Trois ! Il y avait trois religieuses en cornette qui disaient leur chapelet... Et le cercueil ! Un cercueil, si vous aviez vu la beauté ! Ah ! Ce n'était pas du sapin ! Sa famille ne s'était pas moquée de lui va ! Avec des poignées... cossues ! Ah ! Vraiment ! Ils avaient fait les choses bien comme il faut ! Un enterrement de première classe et de toute beauté ! Les croque-morts avaient du mal à porter le cercueil ! Pensez donc ! C'est qu'il devait peser ! Ah ! Ça oui ! Il devait peser !

Énervé, fatigué et agacé par ces discours aussi stupides qu'inutiles, Mimi lui cloua le bec :

— Eh ben ! Si le corps était trop lourd, ils avaient qu'à faire deux voyages !...

!!!!!

18

Lapsus !

S*i de nos jours, nous consultons* avec une assiduité à creuser le trou de la Sécurité sociale, ce ne fut pas toujours le cas !

Il fallait être très, très malade avant de prendre la décision quasi héroïque « d'aller voir le docteur » ! Une véritable sinécure !

Pensez donc, première chose et pas des moindres ! « Se mettre propre » ! Quel boulot ! Lorsque nous prenons conscience de la fréquence des toilettes ! Ah ! Allez ! La barbe, une fois par semaine... Le dimanche matin en principe ! Dans une bassine en fer blanc, un peu cabossée, posée sur la pierre d'évier, ils vidaient l'eau tirée du puits, tiédie sur le poêle à bois de la cuisine. On hasardait un coin du "décrassoir" (serviette éponge en nid d'abeille) dans les oreilles et un ch'tit peu sur la nuque, qu'ils camouflaient aussi vite que possible avec le col de la chemise. Cette vieille chemise "que f'ra ben encor' quèque temps" !... « La patronne » a tourné le col "sens devant dimanche" (expression locale signifiant à l'envers) et de même pour les poignets ! Un bon coup de peigne trempé dans l'eau afin de bien lisser les cheveux ! Et puis, dans la bachasse (réservoir d'eau souvent taillé dans un bloc de granit, servant à récupérer l'eau d'une source pour le bétail), ils se lavaient grosso modo les mains. Une poignée de sable en guise de savon, et voici la toilette du dimanche terminée !

C'est qu'il fallait ben s' mettre propre "par aller veire m'sieur l'curé" (pour aller voir monsieur le curé) ! Aux beaux jours seulement, il leur arrivait de tremper les pieds dans la bachasse et muni de gros ciseaux, quand ce n'était pas d'une pince, ils coupaient à grand peine leurs ongles... euh ! Plutôt des espèces d'ergots poussés dans tous les sens et de travers ! N'ironisons pas trop vite, car leurs pauvres pieds souffraient, malmenés dans les sabots.

Mais quand il s'agissait d'aller "veire" (voir) le docteur, alors là, ce n'était pas pareil ! Il fallait tout passer en revue ! Un peu comme au bon vieux temps, pour le service militaire !...

Autant dire qu'il fallait être très malade pour s'infliger pareils sévices corporels ! Et tous ces préliminaires dissuasifs au possible n'encourageaient nullement nos braves péquenots !

Eh ! Oui ! C'était ainsi ! Il n'y a pas si longtemps ! Et alors ! Si leurs pauvres corps pour le plus souvent meurtris et déformés n'affichaient pas fière allure, et fleuraient plus l'odeur de sueur que de parfum, n'en méritaient-ils pas encore plus le respect et la considération ?

Voici donc dans quels tourments se trouvait plongé un bon vieux garçon ! Fataliste, Antonin se persuadait que son ignoble voisin qui lui faisait mille misères et le tyrannisait était le seul responsable ! Car, en effet depuis « quelques saisons », la tension entre les deux hommes atteignait le summum et la situation devenait invivable !

Il était brave comme tout l'Antonin, mais ce vieil ivrogne de Raoul lui menait la vie dure ! Il n'avait jamais compris pourquoi d'ailleurs ! Allez donc savoir ce qui se passe dans la tête d'un type capable d'avaler plus de dix chopines dans la journée ! Toujours était-il que l'Antonin souffrait de violents maux d'estomac depuis plusieurs mois.

Il avait bien essayé tout un tas de tisanes, de potions, de cataplasmes, rien ne le soulagea.

Contraint, forcé, l'Antonin à contrecœur se mit en route.

— Saleté de Raoul, c'est d' sa faute, grommelait-il en descendant au village. J' suis tout le temps contrarié, pas étonnant que j'ai mal là... dans le creux de l'estomac !

Voici le moment de rentrer dans le cabinet ! Antonin en était tout retourné ! Mais le bon médecin, habitué à ce genre de situation, le mit à l'aise immédiatement.

— Bon... Bonjour M'sieur l' docteur ! Ça va t'y vot' p'tite santé ? bafouilla Antonin en sortant de sa gibecière accrochée à son dos des fromages emballés précautionneusement. Tenez pour vous ! dit-il l'air mi-penaud, mi-souriant.

— Oh ! Je vous remercie beaucoup monsieur, répondit le médecin en lui serrant chaleureusement la main. Ça me touche vraiment... quant à ma santé, ce n'est pas fréquent que mes patients s'en inquiètent... Je vais très bien !

Il m'a appelé « monsieur » pensa-t-il, et il se sentit flatté.

— Oh ! C'est pas grand-chose... juste histoire de ! Comme on dit, c'est l'intention...

— Si si, vraiment, interrompit le praticien !

L'auscultation terminée, le médecin rédigea une ordonnance et conclut en tapotant gentiment son épaule :

— Allez, ne vous en faites pas, tout va s'arranger. Prenez bien vos remèdes et surtout... attention, pas de crudité ! M'avez-vous bien compris ? Aucune crudité, d'accord !

— Au revoir m'sieur l' docteur. Je vous remercie bien, ajouta Antonin en franchissant la porte.

Et voilà, j'en étais sûr, ronchonna-t-il, alors qu'il remontait dans sa ferme ! C'est d' sa faute à l'autre fou ! Oh ! j' l'ai bien compris va ! m'sieur l' docteur ! J' m'en vais t' lui en jouer une ! Sûr qu'il va s'en rappeler ! On n'a pas idée d'embêter l' monde comme ça tiens !...

Arrivé chez lui, l'Antonin fila directement chez son ennemi juré !

— Eh ! Soulot ! Écoute voir un peu là ! cria-t-il dans la cour où picoraient quelques volailles. Allez, sors ton museau de fouine, va !

— Qu'est-ce que te veux ? rouspéta Raoul.

— J' m'en viens d' chez l' docteur ! L'Antonin gardait la tête levée, les mains sur les hanches et tapait ses croquenots sur les cailloux ! T' peux être fier de toi va !

— Ben ! Pourquoi ? Qu'est-ce que j' t'ai fait encore nom de Dieu ? hurla Raoul, apparemment très en colère.

— Si j' suis malade, c'est à cause de toi, renchérit notre brave bougre peu familier avec Littré. Même qu' le docteur y m'a ben dit en partant : « Et attention, surtout... pas de cruauté » !...

De fait, Antonin s'en alla de ferme en ferme et clama à bon entendeur, que m'sieur l' docteur avait insisté :

« Surtout pas de cruauté ! »

!!!!!

19

« Negro-spiritual » des commis !

Comme je l'ai déjà écrit, certains commis subissaient une maltraitance quotidienne. Asservis et humiliés, ils devaient se plier aux exigences de leurs patrons, travaillant dur, très dur, sans couverture sociale, sans bulletin de salaire, contre un bol de soupe, sans aucun droit tout simplement.

Mais « l'homo sapiens » du siècle dernier, comme son prédécesseur, et comme son successeur, tendait à garder sa dignité. Aussi, nul ne pouvait ôter ce que l'homme a de plus cher : sa liberté de penser.

... Et lorsque le citoyen n'a pour toutes révoltes aussi légitimes soient-elles que des mots railleurs et sarcastiques, voici ce que cela donnait...

Dans cette ferme, une des plus riches de la contrée, le commis surnommé le Variot, sans doute parce qu'il avait soi-disant contracté la vérole alors qu'il servait dans les Diables Bleus, se voyait relégué, tel un esclave des « temps modernes », au rang de bête de somme.

Mais, étant donné que ce petit recueil d'histoires est destiné à distraire, je n'épiloguerai donc pas sur l'asservissement du Variot.

Ce sacré Variot détestait autant que faire se pouvait ses patrons. Un dimanche après-midi, le seul répit qui lui était accordé, le Variot se rendit au bourg, retrouver ses copains au bistrot.

Eh ben mon Dieu, le brave commis ne crachait pas sur le pinard ! Sans doute trouvait-il au fond de la chopine, un ch'tit peu de réconfort ! Illusoire ? Ephémère ? Peut-être ! Qu'importait !

La seule fois de sa vie qu'il « avait vu le docteur », ce dernier le mit en garde !

— Dites, mon brave, lança le vieux médecin, vous semblez ne pas boire de jus de canard !

— Non, docteur, répliqua le Variot, un brin arrogant, je bois pas de jus de canard... mais du pinard !...

Avec les copains, les discussions allaient bon train. Or, tout un chacun savait que, si l'on voulait rigoler un bon coup, il fallait brancher le Variot, soit sur la compagnie des Diables Bleus, soit sur ses patrons !

Ces sacrés Diables Bleus qui vaillamment servirent durant la Grande Guerre et délivrèrent une partie de l'Alsace. Il n'en était pas peu fier notre brave vieux Poilu ! Il fallait l'écouter raconter la prise de Sudelkopf à l'ennemi. Oh ! Sûrement en rajoutait-il un peu ! Et alors ! Il avait bien le droit d'affabuler, ce n'était certes pas bien grave ! Il y était lui, après tout, derrière ces remparts de barbelés, dans les tempêtes de neige avec les collègues de la 334e compagnie, aidée des Chasseurs Alpins...

Mais quand il s'agissait de ses patrons, alors là, le ton changeait !

— Ah ! Nom de Dieu de saloperie ! criait-il en tapant du poing sur la table ! “Le pouvau ben tant s’en crère, va” (Ils peuvent bien tant s’en croire) !

— Allez, ironisaient les uns et les autres, avoue que tu les aimes... Ça se voit comme le nez au milieu de la figure !

— Même dans les tranchées, “j’étau mieux traitan” (j’étais mieux traité) !

— Et puis, insistaient les farceurs, ce sont de bons chrétiens... qui ne manquent jamais la messe, et font la charité !

— Ah ! les garces ! répondait le Variot mordant chaque fois à l’hameçon !

Se mettant debout dans la salle du bistrot, il les imitait !

— “Fallau lu vère, la patroune et su deux gates ! quand y allau à la meusse, l’ diminche matin ! la Jeanne avec su deux gates... la grinde Maria et la seconde... une vraie peuste... la ch’tite Angèle... où s’en crèyot séquè ! Fallau lu vère... le pinçaut lu lèvres en cul d’groasse et sarraut lu feusses... qu’on pourraut pas même y infoncer une aguille à coup d’mailleut” (Il fallait les voir, la patronne et ses deux filles ! Quand elles vont à la messe le dimanche matin ! La Jeanne avec ses deux filles... la grand Maria et la seconde... une vraie peste...la petite Angèle... elles ne se croient pas rien ! Il faut les voir... elles pincent les lèvres en cul de poule et serrent les fesses... qu’on ne pourrait pas même y enfoncer une aiguille à coup de maillet !) !!

Les hommes riaient en regardant le Variot arpenter la salle du bistrot, marchant la tête haute, casquette de travers et la cigarette collée sur la commissure des lèvres qu’il serrait en « cul de groasse »... en tortillant du popotin...

— C'est comme j'y dis, insistait-il, tu pourrais pas y enfoncer une "aguille à coup de mailleut" (aiguille à coup de maillet) !

Alors, alors pour « oublier », notre valeureux Diable bleu buvait, buvait, buvait...

... Et sur le chemin qui le ramenait à sa misère, le Variot ivre mort gueulait :

— "Pas une aguille à coup de mailleut" (Pas une aiguille à coup de maillet) ! Ah ! Nom de Dieu de vieilles garces ! *

J. L.

!!!!!

---

* **Note de l'auteur : Les dialogues de cette histoire peuvent paraître un peu triviaux, mais j'ai sciemment rapporté les expressions de ce brave bougre quelque peu rustre mais néanmoins probe et courageux toujours avec le souci de retranscrire au mieux la véracité et l'intensité du vécu de l'époque.**

20

Droit de réponse... Incongrue !

— *Y en a marre* de cette vieille arsouille, il est tout le temps saoul comme un cochon ! maugréaient les habitants d'un paisible village.

Certes, à cette époque où les hommes buvaient plus que de raison, il était coutumier de rencontrer des ivrognes le long des chemins. Quelquefois couchés dans le fossé ou assis le bord d'un talus... Mais, le grand Binbin ! C'était différent ! Il devenait méchant et s'en prenait au premier venu !

Quelques problèmes de santé, et pour cause... le contraignirent à « voir le docteur » ! Alors ce n'est pas peu dire !

D'ailleurs, la consultation ne l'avait guère satisfait, et depuis il rêvait de vengeance envers ce toubib incompétent, "qui y connaissaut ren de ren" (qui n'y connaissait rien) !

— "Vouétau ben la peine de douner su sous à c't' andouille" (C'était pas la peine de donner son argent à cette andouille) !

Le médecin au cours de la consultation lui demanda quel était son problème :

— Alors, Binbin, que vous arrive-t-il ?

— Oh ! M'sieur l' docteur, je souffre ben beaucoup ! répondit notre pauvre diable en touchant son estomac.

— Ah bon ? répliqua le médecin qui parlait avec emphase en articulant fortement chaque syllabe.

— "Ouè iti" (C'est là) ! insistait le Binbin, en triturant son vieux pull déguenillé d'où pendaient des bouts de laine !

— Alors, expliquez-moi cette douleur ! insista le praticien.

— "Où me faisau d's' aigreurs din l'estomac" (Ça me fait des aigreurs dans l'estomac) !

— Ah ! Tiens tiens ! répondit m'sieur l' docteur... Des aigreurs ! Je crois comprendre... Sachez, Binbin que les grenouilles n'ont pas d'aigreur !...

Furieux ! Furieux ! Le Binbin ! Il racontait son histoire à qui voulait l'entendre ! Cet idiot de charlatan n'y connaissait rien du tout, mais lui avait néanmoins pris ses sous !

— Les grenouilles n'ont pas d'aigreur !... Les grenouilles n'ont pas d'aigreur !... Sacré bredin va !... se plaisait-il à clamer haut et fort en imitant le parler emphatique du médecin ! Ben la peine d'aller à... l'é-cole, pour dire des âneries pareilles... Tous ces savants, eh ben, ils savent rien de mieux que nous autres !

Bref ! Notre vieil ivrogne, faisant fi des recommandations, buvait toujours autant !... et ennuyait les villageois de cette charmante bourgade.

Quelques hommes le semoncèrent vertement ! Rien à faire !

Le garde champêtre, képi sur la tête, usait de son pouvoir, mais le Binbin se moquait de lui !...

— Binbin, si tu continues d'importuner les gens, je serai obligé de faire intervenir les gendarmes ! prévint le garde.

Rien n'y fit. Si bien qu'un soir, à la tombée de la nuit, deux gendarmes l'interpellèrent :

— Monsieur, déclara l'un d'eux, vous troublez l'ordre public.

— "J' troublau rin de rin ! Où z 'avau qu' l'egue quétau trouble duns l'z' ornières" (Je ne trouble rien du tout, il n'y a que l'eau qui se trouble dans les ornières) !

— Taisez-vous ! trancha un des gendarmes. Vous avez de la chance mais n'abusez pas de notre gentillesse ! Allez, on passe l'éponge pour aujourd'hui, mais si demain vous êtes encore en état d'ébriété, nous vous coffrerons sans regret et vous coucherez en prison ! Vous êtes un véritable danger public !

Le lendemain soir, notre Binbin, saoul comme une baudruche, arpentait les ruelles en hurlant !

— Cette fois, ç'en est trop ! Il se fiche de nous ! À croire qu'il le fait exprès pour nous faire tourner en bourrique ! vociféra le garde champêtre, je retourne chercher les gendarmes !...

... Et voici nos trois assermentés, la mine sérieuse, s'approchant du Binbin :

— Que faites-vous assis sous cette porte cochère ? lui demandèrent-ils.

— Ben, j' m' repose pardi ! C'est pas interdit que je sache ! leur répondit-il sans aucune retenue.

— Vous étiez prévenu, et ce à plusieurs reprises, et vous n'en faites qu'à votre tête... Nous vous arrêtons ! trancha un gendarme.

— Et pour quelle raison ? demanda le Binbin sans se départir de son sang-froid.

— Pour quelle raison ? Pour quelle raison ? Mais voyons ! Quel toupet ! Pour état d'ébriété sur la voie publique et...

Le gendarme n'eut pas le temps de terminer sa phrase... Notre vieux bougre « se ramassa » (terme local signifiant se mettre debout) et sortit de sa poche un papier un peu froissé. Le tendant aux gendarmes, il ajouta d'un air entendu :

— Vous ne pouvez rien me faire, j'ai un papier sur moi !

— Un papier ? Quel papier ? demanda l'un d'eux surpris.

— Ça ! Monsieur ! Voyez-vous... au cas où vous ne le sauriez pas... c'est ce qu'on appelle par chez nous un acquit, ou un passe comme vous voulez ! leur répondit-il ironiquement. Ce qui signifie, messieurs, ajouta-t-il en leur déclinant une large révérence, que j'ai le droit de transporter de l'alcool !

— !...

— Tè dont ! Tiens ! Eh oui ! insista-t-il impétueux, ça vous en bouche un coin, pas vrai ?

— Co... comment ? bégaya le garde. Quel passe ? Qu'est-ce encore que cette histoire ?

— Tè ! Ouais ouais, un papier ! C'est écrit et moi j' sais pas lire, mais vous qu'êtes savants comme tout, regardez bien... nulle part il est mentionné de quelle manière je peux transporter l'alcool, donc !

Cloués par cette réflexion, ils restèrent pantois, bouche bée et désemparés.*

J. L.

---

* **PS : La personne qui m'a relaté cette histoire vraie n'a cependant pas su me dire... si ce soir là... le Binbin avait couché au violon ou si son aplomb légendaire lui avait sauvé la mise !**

Madame Aiset, une dame bourgeoise d'une grande gentillesse, visitait volontiers les pauvres hères du village où elle résidait avec Lucien son époux. Elle s'exprimait dans un français absolument parfait, témoignage d'une éducation aristocratique sans faille du début du siècle dernier.

Son mari paraissait plus modeste de par un physique nettement moins avantageux mais également en raison d'une classe sociale différente. Bien que cette grande dame n'affichât jamais, au grand jamais, sa supériorité, sa prestance et sa culture la démarquaient inévitablement parmi le petit peuple.

Un jour, madame Aiset en compagnie de Lucien se rendit dans une ferme bien pauvre, mais qu'elle affectionnait particulièrement. En effet, elle avait lié sympathie, pour ne pas dire amitié avec la fermière. Riches ou misérables, lorsque deux femmes bavardaient autour d'une tasse de café et de petits gâteaux... quelquefois c'était très... très longuet... surtout pour le mari qui n'en avait strictement rien à faire des commérages féminins !

Alors, il s'impatientait le brave homme :

— Allez ! soupira-t-il, on s'en va ! Pouuu !

— Lucien ! ordonna son épouse en le toisant d'un regard hautain et en appuyant sur les mots, lis ton journal !

— Mais j' l'ai déjà lu ! rouspéta le mari furieux avec un haussement d'épaule significatif.

— Eh bien, relis-le, voyons, mon ami ! répliqua-t-elle sans se départir de son aplomb inné qui lui seyait à ravir !

!!!!!

En bref... En bref... En bref... En bref... En bref... En bref...

Quelques jeunes gens décidèrent **de se rendre un dimanche après-midi au bord de la Loire. Il faisait très chaud, le soleil dardait ses rayons en ce mois d'août et bientôt les plus hardis souhaitèrent se baigner.**

— Oh oui ! criaient les filles trop heureuses de voir les garçons en caleçon, car bien entendu les maillots de bains n'arriveraient qu'ultérieurement !... Qu'importe ! On est entre nous, on va pas se gêner hein ? "On n'est pas de craindre" !

Jean menait la danse.

— Allez, tous en calcif' cria-t-il en jetant ses habits sur la berge, et hop au bouillon ! Houao ! Elle est bonne les gars, amenez-vous !

Les jeunes filles, quant à elles, se contentaient de tremper leurs jambes en faisant de petits clapotis, robes pudiquement retroussées, ce qui n'échappait pas aux regards furtifs de nos joyeux lurons.

— Allez, criait Jean, je vous attends !

— Chais pas nager, répondit Fernand.

— Moi non plus, ajouta Pierrot.

— Bande de poules mouillées, y a aucun risque, allez venez !

De fait, la petite équipe se retrouva, histoire de ne pas se dégonfler devant la gent féminine, à barboter lorsque tout à coup, Dédé disparut :

— Oh ! Dédé ! Qu'est-ce que tu fous ? Oh ! Hé ! Dédé !

— !...

— Y sait pas nager le Dédé, hein ?

— Ben !... euh !... non, j' crois pas.

Une peur panique s'empara de nos compères qui ne riaient plus... mais alors plus du tout !

Dédé ne réapparaissait pas.

— Il est en train de se noyer, hurlaient-ils. Au secours ! À l'aide ! Il a dû tomber dans un trou ! Ou être emporté par le courant. Au secours ! Vite ! Vite ! Au secours !

Les jeunes filles agitaient leurs bras en appelant de l'aide : « Au secours, vite, vite. Notre copain se noie ».

Aucun des leurs ne savait nager, certes, plus habitués au plancher des vaches qu'aux pontons marins !

Ameuté par leurs cris désespérés, un pêcheur qui s'adonnait à son loisir favori en amont, arriva en courant et plongea sans une once d'hésitation.

— Là, là, hurlaient Jean et sa bande en indiquant du doigt l'endroit présumé.

Le pêcheur disparut sous l'eau, remonta une fois, reprit son souffle, replongea sous l'œil angoissé des amis.

Tout à coup, ils le virent resurgir, tenant Dédé demi-inconscient sous son bras. Ils le tirèrent sur la berge et le pêcheur, visiblement plus aguerri, prodigua les premiers secours d'urgence.

Toute l'équipe médusée, l'angoisse au ventre, regardait sans mot dire leur ami étendu, la mine exsangue, qui reprenait ses esprits petit à petit en crachouillant un liquide pituitaire. Un silence pesant régnait jusqu'à ce que, tout à coup, Dédé revenant à lui demande ce qui s'était passé.

C'est alors qu'un de ses compagnons posa cette question pour le moins inopportune :

— Ça y est, te vas mieux ? Te veux t'y boire un coup ?...

!!!!!

En bref... En bref... En bref... En bref... En bref... En bref...

Les premières salles de cinéma attiraient la jeunesse passionnée par les films noir et blanc. Une véritable magie animée sur grand écran ! Or, un après-midi, un brave couple décida de s'y rendre, histoire de voir...

Ils arrivèrent juste à temps... ouf ! Pas le moment de rater le début ! La salle éclairée était baignée de cette ambiance feutrée caractéristique et les chuchotements montaient en un brouhaha ouaté.

La jolie ouvreuse les accompagna jusqu'à leur place... devant toutes ! Ben... moins chères pardi !

Comme il est coutumier lorsque les personnes arrivent les dernières, tout le monde « zieute » ! Voici donc nos deux retardataires traversant l'allée, les centaines de paires d'yeux braqués sur eux. La jeune ouvreuse rendit le ticket au monsieur, tendit sa main paume en l'air... mais, apparemment... rien compris ! Elle s'en alla, pas très satisfaite ! L'en sait rien lui, s'il faut donner une étrenne, c'est la première fois qu'il vient, alors hein ! C'est ben déjà bien assez cher ce truc-là pour voir des pantins bouger sur un écran, non mais !

Bref ! Notre garçon s'avança au milieu des sièges, obligeant les spectateurs assis à se relever avec des : « Rrro » agacés, mais sa femme restée légèrement en retrait ne trouva rien de plus élégant que de faire une magistrale génuflexion assortie d'un grand signe de Croix avant de s'engager à la suite de son mari. Toute la salle éclata de rire !...

— Ben ! Pourquoi ? Fallait pas ? On le fait bien à l'église... qu'est-ce que j'en sais moi ? J'y connais rien, ohlala !... Pas prête d'y rev'nir dans vot'... comment que ça s'appelle déjà ?...

!!!!!

En bref... En bref... En bref... En bref... En bref... En bref...

Le Firmin venait de trépasser, et tout affolée, sa fille Clotilde, pas des plus dégourdies, que voulez-vous... pas d' sa faute... s'en fut quérir l'aide des voisins, en l'occurrence Paul et André. C'était toujours ainsi ! Ensemble, on riait, ensemble on pleurait ! Et dans le cas présent, y avait rien de drôle ! Sauf que...

... Chacun s'affairait de son mieux afin d'apporter à la jeune femme un peu de réconfort. Il s'agissait de la toilette du défunt et les deux gars venus à la rescousse mettaient tout leur cœur à faire les choses bien comme il faut. Lavé, rasé, habillé, le Firmin était fin prêt pour comparaître devant le grand Saint Pierre !... Mais tout à coup, André se tournant en direction de Clotilde lui demanda :

— Faudrait me donner une brosse à cheveux, que j' le coiffe...

— Quoi ? rétorqua Paul d'un air ahuri. Tu lui demandes une brosse à cheveux ?

— Ben ouais ! Qu'est-ce qu'il y a d'extraordinaire ?

— Rien, rien ! s'exclama le jeune homme en pouffant.

— Mais t'es con ou quoi, toi ? fit André.

À cet instant Clotilde larmoyante tendit la brosse, André s'approcha du pauvre Firmin et alors qu'il s'apprêtait à le coiffer :

— Oh merde ! s'exclama-t-il, penaud.

Il tourna son regard vers son compère qui s'étouffait de rire, se pinçant le nez pour n'en rien laisser paraître...

André demeurait comme un con, la brosse à cheveux à la main, car le Firmin... ben l'avait pas un poil sur le caillou dis donc ! Plus chauve, y a pas !...

!!!!!

21

Suspicion de délit !

C*'était un vieux couple qui s'aimait* !

Eh oui, cela a toujours existé !

Mais disons que les gens ne s'affichaient pas ! Pudeur obligeait !

Or, Vincent décida d'offrir un beau cadeau à sa femme, Maria !

Il repéra en passant à vélo, dans la vitrine de l'épicerie, suspendue, entre les balais, les cageots de pommes flétries, les tabliers noirs, les casiers en bois de bouteilles de « vin vieux » jouxtant les boîtes de conserve adroitement empilées et les bassines en fer blanc, une magnifique combinaison de couleur parme... « qu'avait même de frou-frou en haut et en bas » !...

— Oh ! se dit le brave mari, voilà ben quèque chose qui f'ra plaisir à « Ma Lolotte » !

En effet, Vincent dans l'intimité surnommait sa femme, Lolotte, mais tout le monde l'ignorait.

Le 15 août, fête de Marie !... Voilà la bonne occasion de « faire plaisir à la Lolotte » !

Notre brave Vincent prit son vélo, et se rendit chez l'épicière.

— Bonjour mère Delanouille, dit-il en franchissant la porte dont la clochette retentit, comme un joyeux carillon !

— Bonjour Vincent, répondit-elle ! C'est pas souvent que je vous vois par chez nous ! Quel bon vent vous amène ? Votre femme n'est pas malade au moins ?

Madame Delanouille se tenait debout derrière sa banque. La balance aux deux plateaux en cuivre rutilants trônait près du moulin à café flanqué d'une manivelle à main, de la motte de gros sel débité au détail, de bocaux en verre emplis de bonbons et de savons de Marseille dont la couleur fonçait au fil des ans. Les tarifs étaient maladroitement affichés à la craie blanche sur des ardoises plus ou moins baveuses avec au beau milieu de ce capharnaüm une inscription : « La maison ne fait pas crédit ».

Vincent jeta un regard furtif sur les murs tapissés de réclames de toutes sortes, de la bonhomie du Noir posant pour une marque de cacao, à la svelte jeune fille enrubannée dans le drapeau tricolore vantant les pâtes alimentaires, passant par la marmite jaune fumante de bouillon cube « poule au pot », puis montrant du doigt, il dit :

— Je voudrais la... en vitrine... ça !

— Quoi donc ? Ça ? demanda madame Delanouille, surprise.

— Ben, balbutia-t-il un peu penaud... ça... quoi !

— Le... le tablier noir ? questionna l'épicière en s'approchant de la vitrine bric-à-brac.

— Non...Non ! soupira Vincent gêné ! À côté... là ! Le truc mauve !

— Vincent ! Vous voulez acheter... la... la belle combinaison ? répliqua la commerçante de plus en plus perplexe !

— Oui, je veux acheter ce truc qu'a d'frou frou d' partout ! trancha-t-il.

— Mais, insista madame Delanouille, c'est que... enfin... vous savez, ça coûte cher ce genre d'article féminin !

Agacé et un tantinet humilié, le brave bougre répliqua sur un ton rhétorique :

— Rien n'est trop cher, ni trop beau pour ma Lolotte ! J' veux... ça... et puis c'est tout.

L'épicière le fixa longuement avec un regard sévère.

Ohlala ! pensa ce client peu ordinaire ! Quelle histoire ! Pour acheter un cadeau à ma femme ! Qu'est-ce qu'il ne faut pas faire ? Mais de quoi je me mêle à la fin ?

— Bon, très bien, fit la commerçante, je vais la dépendre. Voulez-vous un paquet cadeau ? ajouta-t-elle froidement.

— Pas la peine, répondit-il aussi sèchement. Donnez-moi ça qu' je m' sauve !

Il paya et sortit prestement. Sans précaution, il balança la combinaison dans la sacoche et le voilà parti.

L'épicière curieuse comme une pie, guetta sur le pas de la porte et le regarda s'éloigner.

— Eh ! Ben ! C'est du joli tiens ! Il me semblait bien aussi... Chez quelle gueuse va-t-il ? Halala ! Tous les mêmes ! Tous ! La bobonne aux casseroles, et les dentelles pour les drôlesses...

Car, notre bon Vincent prenait une direction opposée à sa maison, donc... vraisemblablement un coup de canif dans le contrat !

— Il cache bien son jeu celui-là ! critiqua la mégère.

Arrivé au centre du bourg, il entra chez sa fille Jeannette, portant la combinaison roulée en boule sous le bras.

— Tiens, lui dit-il, je viens d'acheter ce beau dessous pour la fête de ta mère. Fais-moi donc un joli paquet avec un gros quiqui !

— Eh ben ! Papa, répliqua la jeune femme en souriant, il ne doit pas y avoir beaucoup d'épouses aussi gâtées ! Elle en a de la chance maman ! S'approchant de son père, elle lui glissa un petit baiser sur la joue ; gentil papa, murmura-t-elle au creux de son oreille.

— Mets-y un gros quiqui ! insistait-il en souriant et en surveillant la confection du paquet cadeau qu'il voulait le plus coquet possible ! Plus gros l' quiqui, plus gros !

Quelques jours plus tard, la mère Delanouille croisa le chemin de Jeannette ; disons plus exactement que n'y tenant plus, elle provoqua une rencontre...

— Tiens ! Quelle bonne surprise dit-elle d'un air faussement hasardeux ? Comment allez-vous ? Et vos parents ? Au fait, j'ai eu la visite de votre père l'autre jour.

— Oui, répondit la jeune femme, je sais.

— Hein ? Il... Il vous l'a dit ? questionna l'épicière un peu pincée tout de même.

— Ben oui ! Pourquoi ? Ce n'est pas un secret voyons !

— Ah bon ! Si vous le prenez sur ce ton, alors évidemment...

— !...

— Et... Il vous a sans doute expliqué ce qu'il avait acheté ? glosa-t-elle en riant d'un ricanement moqueur.

— Vous parlez bien de la jolie combinaison, n'est-ce pas ?

— Heuuu ! Heuuu ! Oui ! C'était pour... enfin... Il m'a heuuu !...

— Il vous a... Quoi ? demanda Jeannette étonnée.

— Eh bien ! Je vais vous le dire ! Que ça reste entre nous, hein ! Faudrait pas que de telles choses se sachent !... Pensez donc ! La cancanière s'avança et feignant une discrétion déplacée, ajouta à mi-voix : C'était pour une certaine... Lolotte ! Mais chuuut !

Jeannette pouffa bruyamment !

— N'ayez crainte, s'exclama-t-elle ! Lolotte ! C'est ma mère ! C'est le surnom que mon père lui a toujours donné !

— Oh ! Grand Dieu ! s'écria madame Delanouille, rassurée ? déçue ? Comme j'ai eu peur ! Oh ! Le pauvre homme ! Eh ben ! Quel accueil je lui ai fait ! Pour une fois qu'un homme pense à offrir un cadeau à sa femme, c'est réussi ! Mais franchement, je n'y suis tellement pas habituée... Comme j'ai honte... Dites-lui bien à votre père qu'il ne faut pas m'en vouloir... Mais vous savez, par les temps qui courent... Avec toutes ces gueuses qui rôdent, faut plus s'étonner de rien, alors !...

J. L.

!!!!!

22

L'âne rit !

S*i certains paysans maltraitaient* leurs animaux, d'autres en prenaient grand soin ! C'était le cas du brave père Étienne ! D'où le surnom tout à fait instinctuel du Tienne ! Jamais ses bêtes ne reçurent un coup de trique ! Il était d'ailleurs gentil avec tout le monde ! Vous savez cette bonté qui émane de certaines personnes, illumine leur vie... et celle de leur entourage !

Notre Tienne, pas bien riche, le pauvre bougre, n'avait pas de cheval, mais un âne. En effet, à cette époque, un cheval représentait une coquette somme que beaucoup ne possédaient pas. Il fallait donc se contenter d'une mule ou d'un âne !

Ainsi donc, Étienne se rendait au champ avec son âne répondant au beau nom de Trésor !

Seulement, cette bourrique-là n'avait de trésor que le nom ! Car pour trouver plus têtu et caractériel, il fallait chercher un moment !

Le brave Tienne savait que pour obtenir ses faveurs, il devait surtout ne pas le brusquer, mais au contraire « le prendre de bonne ». (Terme local synonyme de prendre en douceur)

Alors, mon Dieu ! Quand Trésor était à peu près décidé, ben ma foi, le chargement arrivait à bon port !

Ce jour d'automne, le Tienne se rendit avec son compagnon attelé à la remorque dans la "grinde tarre" (la grande terre) pour ramasser ses patates. Il faisait bien beau cet après-midi-là. Les feuilles rouillaient légèrement et la campagne semblait respirer après les fortes chaleurs de l'été. Un petit vent d'ouest, annonciateur de pluie pour les jours prochains, séchait les pommes de terre arrachées la veille et laissées à même le sol.

Arrivé, il dételа son âne et le mit dans le pré attenant :

— Allez mon vieux, dit le maître, mange donc pendant que je ramasse mes truffes !

Trésor partit « en coups de cul » en brayant de toutes ses forces !

Notre petit paysan sourit et se mit au travail. Le dos courbé, il ramassait ses patates, les frottait dans ses mains rugueuses pour enlever la terre, et emplissait son panier qu'il vidait dans un sac en toile de jute sur la remorque, et recommençait. De temps à autre, il se redressait en tenant ses reins courbatus, réajustait sa casquette, buvait un coup à la chopine, s'essuyait d'un revers de manche et inlassablement retournait à l'ouvrage.

— Alors, Tienne, cria un voisin "où va t'y ? Où z'a t'y un pou que vaille c't' année" (Est-ce que ça va ? Y a-t-il une bonne récolte cette année) ?

— "Oh ! Où z'a ! Où z'a" (Il y a, il y a) !

Il faut dire qu'il se plaignait rarement, toujours heureux de son sort ! C'était un brave, voilà tout.

Considérant sa remorque assez remplie et ne voulant pas surcharger son âne, il décida de faire un premier voyage.

— Allez mon Trésor, viens vite, cria-t-il en direction du pré où paissait l'animal.

— T'as qu'à y croire, sembla penser cette satanée bestiole en levant la tête et en dressant ses grandes oreilles ! Moi, je mange et j'en ai rien à faire de tes patates !

— Tè tè ! Allez mon gamin, viens donc !

— J'ai faim moi, et si tu veux tu peux venir me chercher... je t'attends !

— Ah ! Sacré bougre de bricole ! Allez, viens vite va !

— C'est ça ! Prends-moi pour un âne, avec ton croûton ! Tu parles ! Tu veux m'avoir, eh ben tu m'auras pas !

— Cré vindiou ! Vas-tu m'obéir à la fin ? Je commence à en avoir marre de toi et de ton fichu caractère ! Je vais te vendre si tu continues à m'empoisonner l'existence de la sorte !

Ce manège dura un bon moment ! Dès qu'Étienne s'approchait, hop ! Trésor, d'un coup de cul tournait les talons et « cours après que je t'attrape » !

Finalement, avec patience et calme, il réussit à saisir le licol.

— Oh ! Sacré bon sang, grommela-t-il en lui caressant l'encolure, t'es ben pénible quand même !

L'âne baissait la tête et avançait bon gré mal gré !

Étienne l'attela à la remorque.

— Allez hue ! Tire mon bon Trésor, tire !

L'attelage de fortune s'ébranla lentement. Le Tienne tenait son âne par la longe et marchait à ses côtés.

— J'espère que je l'ai pas trop chargé mon Trésor ! pensa-t-il. C'est que c'est lourd !

À peine eut-il émis cette réflexion que notre âne stoppa net au bas d'un petit raidillon. Le Tienne le tira fortement. Rien à faire !

— Allez hue Trésor, allez mon p'tit ! Tire ! Mais tire donc vindiou !

Non, non et non ! L'âne n'avança plus d'un pas.

— Attends mon gamin, j' m'en vas te donner un coup de main !

Le Tienne noua la longe autour de l'encolure de l'animal et se mit au cul du petit tombereau.

— Allez, hue, cria-t-il en poussant de toutes ses forces ! Allez tire, mais tire donc sacrée charogne !

Trésor fit quelques pas mais uniquement dans le but de s'approcher du talus sur le bord duquel de belles touffes d'herbe bien verte le tentaient !

— Allez ! Ah ! Milliard de diou de milliard de diou ! s'énervait le bon maître !

Et notre brave homme eut beau faire, Trésor refusa catégoriquement d'avancer, planté au beau milieu de la route !

Les frères Cinglées se trouvèrent de passer par là :

— Mais quel diable de vacarme le Tienne ? demandèrent-ils étonnés. En voilà des façons pas ordinaires !

— Ah ! Pas moyen de le faire avancer cette sacrée bourrique ! maugréa-t-il.

— C'est la meilleure ça ! Voulez-vous qu'on s'en charge ? proposa l'aîné des Cinglées.

— Eh ! Mais vous y arriverez pas mieux que moi va ! Y a pas son pareil comme tête de pioche !

— Y a pas de têtu qui tienne, une bête... Ça doit obéir ! Un point c'est tout ! trancha le cadet.

Étienne n'eut pas le temps de réagir ! L'un des Cinglées saisit l'âne par la longe pendant que l'autre, muni d'un énorme bâton qu'il venait de tailler dans la haie s'approcha, bien décidé à battre de toutes ses forces le récalcitrant.

— Eh Là ! Eh là ! hurla le Tienne en s'interposant violemment ! Mais qu'est-ce qui vous prend ? Vous êtes fous tous les deux ou quoi ! J' vous interdis bien de toucher à mon Trésor, sacrés marteaux va ! On n'a pas idée de battre les animaux comme ça !

— Avec nous, faut qu' ça file ! riposta l'un d'eux presque fièrement.

— Oh ! Vous pouvez ben avoir honte va ! L'autre jour, y a fallu que les voisins se mettent au milieu ! Vous l'auriez tué votre cheval ! Pauvre bête ! Tout le monde le sait par là autour ! Foutez-moi le camp tous les deux ! Espèce de fous furieux ! Sales brutes !

Ces deux hommes, effectivement réputés pour leur cruauté n'attiraient pas vraiment la sympathie des voisins.

Mais, pour l'heure, Trésor restait impassible, un point c'est tout !

Le brave Tienne ne fit ni une ni deux, il le détela et...

... Prit sa place ! Tout simplement !

— Tu me feras toutes les misères possibles et imaginables, bourricot va ! J' t'aime bien quand même... mais là, franchement t'exagères !

Il tirait de toutes ses forces, suant, bavant, peinant... Arc-bouté sur les brancards, il avançait péniblement, gravit la petite montée... pendant que Trésor...

... Suivait tranquillement, balayant l'air de sa queue, tête baissée !...

... Et tric, troc !... Et tric, troc !

Il s'arrêtait, mangeait une touffe d'herbe, et d'une galipette rattrapait... le convoi insolite !

Ce petit paysan affronta la risée des piliers de comptoir du bistrot du coin, attablés devant leur chopine, qui se moquèrent bien de lui, tirant à bout portant une salve de dérision !

— Moi, j' m'en fous, murmura-t-il, en croisant leur regard sarcastique ! J' veux pas battre mon âne, voilà !

Quant à Trésor ! À quoi pensa-t-il en voyant ridiculiser son brave maître attelé à sa place ?

Qui pourra jamais nous le dire !

!!!!!

23

Le bas de laine !

La mère Tapadsoup, c'était son surnom, vivait dans une masure.

Masure ? Oh ! Ce n'est rien de le dire ! Sa petite maison s'étant écroulée, la pauvre vieille trouva refuge dans la cabane des chèvres attenante. Pas d'eau, bien évidemment, pas d'électricité non plus ! Elle s'éclairait grâce à une lampe à pétrole qui laissait filer une fumée noirâtre au-dessus du verre. Son mobilier se résumait à une ou deux chaises déglinguées, une table qui n'en valait pas mieux, et... un lit ? Non ! Avec la meilleure volonté, nous ne pouvons pas considérer cette horrible paillasse à même le sol, comme un lit ! Enfin, disons qu'elle dormait dessus quoi ! Son poêle à bois installé tant bien que mal, plus mal que bien d'ailleurs, avec le cornet sortant par un trou du mur, fumait affreusement.

Personne dans la région ne connaissait pire déliquescence ! Si bien que lorsque les uns et les autres parlaient d'elle et déclinaient son identité, ils disaient : la cabane de la mère Tapadsoup !

Typique ! Elle l'était aussi ! C'était une femme très maigre et calleuse toute de noir vêtue ! Sa tête recouverte d'un foulard noir laissait deviner quelques mèches sans doute brunes jadis. Sa robe descendait jusqu'aux pieds et ses grosses chaussures éculées camouflaient des bas noirs en laine très épais. C'était véritablement une figure locale !

À l'allure assez vive, elle allait et venait sur les chemins, son cabas au bras, accompagné de son chien. Une charogne dont tout le monde se méfiait, qui s'aiguisait volontiers les dents sur les mollets des gens !

Impossible de savoir si cette vieille grand-mère avait pu être belle autrefois ! Elle était si marginale et si mal attifée !

Mais mon Dieu, dans son coin, les gens la connaissaient et finalement, elle était bien brave, alors ! De temps en temps, les voisins apitoyés par sa misère, lui portaient quelques victuailles. Des pommes de terre, du pain quand ils chauffaient le four, du lait que les gosses des fermes alentour trimbalaient sans ménagement dans un bidon en fer blanc ! Mais aussi, la fricassée, les jours où ils tuaient le cochon. C'était traditionnel par ici ! Chacun à tour de rôle offrait aux voisins un joli morceau de boudin accompagné du bout de graisse pour le cuire et le tout recouvert de coiffe ! Et puis quelques cabrions, une molette de beurre...

Avec une scie de fortune, elle coupait son bois ! Aussi les hommes lui apportaient-ils quelquefois un tombereau de hêtre ou de chêne ! Que voulez-vous ! Elle faisait pitié à tout le monde, la mère Tapadsoup !

— Quelle misère, se lamentaient les bonnes âmes !

Or, un jour, notre vieille femme grimpa chez la Louise, sa voisine domiciliée à quelques centaines de mètres de sa cabane.

— Quel diable vent vous amène donc ? demanda la Louise, étonnée de cette visite impromptue.

— “J’ voulau vous vère” (je voulais vous voir), répondit-elle rapidement, la tête baissée, presque honteuse !

— Eh ben, amenez-vous rien que, répliqua la brave voisine !

La mère Tapadsoup refusa de s’asseoir !

— J’ voudrais pas salir votre maison, dit-elle en admirant le rouge éclatant des tomettes.

— Mais que diable voulez-vous donc ? insista Louise de plus en plus surprise.

En effet, la mère Tapadsoup, réputée sauvage, ne fréquentait aucun voisin. La Louise se doutait bien que quelque chose d’important motivait cette visite, mais quoi ? Que pouvait-elle bien vouloir ? Certainement pas de la nourriture, car quoique immensément pauvre, elle ne mendiait jamais son pain. Louise la fixait.

— Voulez-vous une tasse de café ? proposa-t-elle. Allez ! C’est sans façon... finissez donc de rentrer !...

— Du... du... Du café ? bégaya la vieille femme dont le regard sembla illuminer son visage tout à coup souriant ! Je voudrais pas déranger...

La brave paysanne lui offrit une tasse de café bien chaud qu’elle avala, debout sur le pas de la porte !

— “Ouè bon” ! “Ouè bon” ! répétait-elle. “J’ n’in buvau jamais” (C’est bon ! je n’en bois jamais) !

— Alors, dites-moi donc c’ qui vous amène !

— Oh ! Vous savez, j’ n’ai confiance en personne...

— Oui, ça, j’ m’en serais doutée ! dit Louise en riant, et alors...

— Oui, mais vous, c'est pas pareil, renchérit la vieille femme... J' m'en vas vous confier quelque chose que vous serez la seule au monde à savoir !

La bonne voisine ne comprenait rien à ce discours ! Quel secret pouvait bien cacher cette pauvre créature ?

Tout à coup, relevant sa grande robe noire, jetant un coup d'œil autour d'elle comme pour s'assurer qu'aucun regard indiscret ne violerait son... secret, elle dit :

— "Avisy, avisy" (Regardez) !

Elle retroussait sa robe lentement, laissant apparaître des jambes maigres et arquées ! Puis tout à coup, des cuisses énormes !

Notre « confidente » n'en crût pas ses yeux !

— Mais qu'est-ce que c'est que ça ? demanda-t-elle pantoise.

— "Avisy, avisy" !

— "J'avise, j'avise ! Qu' vouè t'y dont" (Je regarde, qu'est-ce que c'est donc) ?

— Ben ! Mes économies pardi ! déclara le plus naturellement du monde cette vieille marginale.

— Quoi ? cria Louise. Vos... Vos économies ? Mais quelles économies ? Vous avez de l'argent ? C'est pas possible ? Je rêve ou quoi ? Des sous ? Mais quels sous ? Hein ?

La mère Tapadsoup descendit son bas maintenu par un lacet, et des dizaines de billets tombèrent.

Louise, la tête dans les mains, s'indignait de ce spectacle !

— Mais combien y a-t-il ? questionna-t-elle. Combien ! Mon Dieu !

— “Où z’a un million” ! susurra la vieille*.

La voisine, bouche bée, ne savait que dire !

— Un... Un million ! Un million ! J’ai jamais vu autant d’argent moi !

Dépitée, elle la regardait, clouée de stupeur !

— “Aidy-me don à lu remettre où va ma tout su” (Aidez-moi à les remettre, ça va mal tout seul) !

Et voilà notre fermière, n’en croyant ni ses yeux ni ses oreilles, en train d’enrouler les billets de banque autour des cuisses de la mère Tapadsoup !

— Mais pourquoi ? Pourquoi... hasarda Louise, pourquoi vivez-vous dans une misère pareille avec tout cet argent ? Mais vous êtes folle ou quoi ?

— Mais moi, j’ demande rien à personne, c’est eux qui m’apportent des affaires... je les prends, mais je demande rien !

— Enfin, vous êtes inconsciente de garder tout cet argent sur vous !

— “Eh ! où vouly-vous qui seillon mieux qu’su mè” (Et où voulez-vous qu’il soit mieux que sur moi) ?

La vieille femme mourut seule dans sa cabane, dans sa misère, sur sa paillasse pourrie... les billets en sécurité dans ses bas de laine !...

Un voisin la découvrit plusieurs jours après son décès. Le plus naturellement du monde, il se rendit chez le menuisier qui, à l’époque fabriquait les cercueils, et commanda un modèle ordinaire, en sapin. L’essentiel étant que la pauvre malheureuse soit enterrée dignement, à moindre frais.

---

* Note de l’auteur : Cette histoire se passait dans les années 1935 - 40. Le salaire mensuel d’un ouvrier moyen se montait alors à environ 300 francs.

Louise, informée, se précipita sur les lieux et dévoila aux autorités locales, le secret de la mère Tapadsoup !...

Tous, dépités et ne comprenant strictement rien à cette aberration, décidèrent d'un commun accord de lui offrir le plus beau des cercueils, en chêne, un enterrement première classe, messe chantée et une pierre tombale en granit ! Quant à la petite fortune restante, elle fut attribuée... aux pauvres de la commune !...

!!!!!

24

Le Vivat des champions !

D*ans les années 1930, les jeunes ruraux* ne disposaient d'aucun complexe sportif, et pourtant en haut lieu, il était question de records à battre, de scores à défendre, etc.

Ils possédaient pratiquement tous, néanmoins, une bicyclette. Moyen de locomotion quasiment indispensable... plus rapide et surtout moins encombrant que le cheval !...

Aussi, quelques groupes de cette jeunesse insouciante décidèrent-ils de monter des équipes d'un sport inconnu « par chez nous », mais qui, déjà à l'époque, éveillait les passions : le football ! On se demandait bien comment prononcer ce satané mot venu de « va savoir où » ! Comme si la langue française ne se suffisait pas !

— Oh ! Ça fait bien de parler en anglais ! péroraient les mauvaises langues ! Sont même pas fichus d'écrire le français, peuvent ben parler anglais !

D'ailleurs, personne ne comprenait la supercherie de ce mot de sauvage s'écrivant avec deux « O » et se prononçant « OU » ! Si bien que cela devenait le « fotball » pour beaucoup !

Qu'importait ! Nos jeunes campagnards, bien décidés à braver la férule de la critique, joueraient au foot, un point c'est tout !

Pour ce faire, il fallait recruter ! Pas une mince besogne ! Popaul, le commis boucher aux joues rondes et roses se chargea de cette tâche ingrate !

Certains paysans n'avaient pas de temps à perdre à taper dans un ballon ! D'autres craignaient de se blesser ! C'était trop éloigné de leurs fermes ! Enfin, bref ! Les bonnes excuses ne manquaient pas ! Tout le monde se doutait bien qu'ils en mouraient d'envie, mais que diraient les parents et les voisins ? Toujours et encore ce qu'en-dira-t-on qui collait son étiquette dans le dos !

Notre brave commis boucher, jovial s'il en est un et vraisemblablement persuasif, réussit à recruter quelques vaillants gaillards ! La condition *sine qua non* de la réussite : l'entraînement ! Oui ! Mais où ?

Ah ! Ben ça ! Alors ! Personne n'y avait pensé !

Qu'à cela ne tienne, dans un pré pardi, tout simplement !

Et voici nos joyeux lurons, en habit et chaussures de travail prêts à s'entraîner !

Comment ? Poulala ! Pas la moindre idée du règlement, du sens du jeu, enfin rien quoi ! Mais pour ce qui était de taper dans le ballon dans tous les sens et de crier comme des fous, alors là ! Aucun problème !

— Ah ! Nom de Dieu de nom de Dieu ! hurla le père Bougond ! Ah ! j' vous y prends galupiots à m'esquinter mon pré avec vos conneries ! Ah ! Foutez-moi le camp tout de suite, où j' m'en vas chercher l' fusil ! Vauriens ! Voyous ! Vous f'riez mieux de travailler ! A-t-on jamais vu des choses pareilles ! Sacrés feignants ! Ah ! Pour taper dans un ballon ! Ça, y sont forts ! Pardi donc ! Qu' j' vous y reprenne jamais ou j' vous tire d'sus !

— Ouaho ! Pas content le vieux Bougond ! Ils ironisèrent quelque peu puis quittèrent les lieux, déçus et vindicatifs !

Popaul et quelques copains, qui mine de rien s'accoutumaient à ce jeu, cherchèrent un autre endroit... disons, un autre pré ! La mère Joly, une bonne vieille paysanne bien compréhensive, les autorisa à s'entraîner dans son terrain attenant au cimetière.

Le dimanche suivant, les équipes s'y retrouvèrent...

— Ah ! Eh ben ! Quel cadeau ! grognèrent-ils ! Tu parles ! Le pré est en pente, pff ! Ça va bien aller tiens ! Et puis au fond, vous avez vu les gars...

— Quoi ! Qu'est-ce qu'il y a au fond ? maugréaient les mécontents.

— D' la flotte, pardi ! C'est une vraie serve !

— Oh ! Font flic ces péquenots-là ! Pas moyen de s'entraîner quoi ! Ça comprend que c' que ça veut, les plouks !

Et patati et patata ! Nos footballeurs de fortune devaient s'en accommoder ou rentrer chez eux !... Donc ! Ils s'en accommodèrent !

Les semaines passèrent, et l'équipe grandissait ! Mais oui ! Me croirez-vous si je vous dis que certains de ces nouveaux venus appartenaient à des équipes de haut niveau ? Nous dirions de nos jours de deuxième division. Il s'agissait de réfugiés étrangers, entre autres du Luxembourg. Et ces garçons apprirent à nos novices... à jouer ! Car, leur dirent-ils, sans vous vexer, vous faites n'importe quoi !

Tous les dimanches après-midi, le « fotball » attirait de plus en plus de badauds qui, somme toute, se prenaient au jeu et supportaient leur équipe !

Des associations se fondèrent... Certaines municipalités avant-gardistes allouèrent des fonds pour l'achat de maillots et chaussures, et mirent à disposition des terrains... plats ! Le luxe !

Dans la région, s'organisèrent des matchs. Les premiers matchs ! Un village contre son voisin ! Ce qui permit entre autres de régler quelques contentieux enfouis au fond des mémoires ! Sanctionnés par le sifflet de l'arbitre qui se devait intègre ! Pas toujours ! Tout dépendait qui jouait, et contre qui !...

Or, pour une fête de Pentecôte, un tournoi de sixte fut organisé dans un village proche. Notre pauvre malheureuse équipe en défroque ne se qualifia évidemment pas, à regret, mais... normal ! Vu leur niveau ! Lorsque, coup du sort, une des équipes sélectionnées déclara forfait ! Il fallut se résigner... et inviter nos débutants !... Ce qui amusa tout le monde ! Pensez donc ! Ces minables ! Ces tocards ! On va les bouffer et leur faire regretter d'être venus !

— Vous allez voir les gars ! On va vous écrabouiller ! hurlaient les... autochtones irrévérencieux !

— Connards d'... ! répliquaient Popaul et sa bande. De toute façon, toi et tes arsouilles... Vous êtes tous des bons à rien !... Vous faites les marioles, mais vous êtes même pas fichus de savoir qui est Socrate ?

— !

— Ouais... Duchnoque ! L'autre jour ! Quand le député maire, président du Conseil général, est venu remettre la coupe aux vainqueurs... Hein ! Fais pas l'ignorant va !

— Tais-toi ! tranchèrent les adversaires.

— Ah ! Ça vous défrise ! Eh bien, écoutez bien mesdames et messieurs, cria Popaul, en s'adressant au public !... Quand le député a lu son discours d'intello, il a parlé de Socrate... Eh ben ! L'autre andouille d' Fernand !... Il a rien trouvé de mieux à dire :

— Qui c'est ce Socrate ? Dans quelle équipe il joue ?

Les spectateurs pouffèrent de rire, ce qui exaspéra nos locaux !

Il faut dire que ces deux villages ne s'aimaient guère ! Dans les bals, des bagarres infernales éclataient inévitablement entre les deux clans ! D'ailleurs, les gars ne se rendaient dans ces soirées que pour se castagner ! Il y avait toujours la revanche de la revanche ! À n'en plus finir ! C'était ainsi !

— Taisez-vous, semonça vertement un Luxembourgeois, et écoutez-moi !

Toute l'équipe se groupa autour « du champion » !

— Je sais pas pourquoi vous vous aimez pas et j' m'en fiche ! Vous avez aujourd'hui l'occasion rêvée de leur faire fermer leur grande gueule, alors écoutez-moi et faites exactement ce que je vous dirai, et vous savez quoi ?...

— Non ! Quoi ? demandèrent-ils étonnés de cet élan spontané.

— Les gars ! Si vous me suivez, ce tournoi, il est à nous !

Eh ben ! Tiens donc ! Il est permis de rêver !

Mais ce dimanche après-midi, contre toute espérance, huée par les supporters locaux, notre petite équipe bouche-trou remporta brillamment le tournoi, écrasant leurs adversaires ! Nul doute que sans... « les pros. Luxembourgeois »... ! Mais dira modestement le capitaine, je ne jouais pas tout seul !

À la grande stupéfaction de tous les visiteurs qui pronostiquaient une déculottée magistrale pour cette équipe, les voilà champions, avec tous les honneurs dus ! La remise officielle de la coupe, la photo du journal et les félicitations des élus ! Sans occulter les sourires des jeunes filles à l'air faussement prude s'extasiant devant leur musculature virilement affichée !...

— Regardez ! disaient-ils d'un air madré en contractant leurs quadriceps... Ça, c'est pas de la gnognotte !... Touchez ! Touchez ! Ça mord pas va !

Quelques petits rires saccadés et furtifs fusaient... Des jolis minois rougissaient, alors que des doigts menus s'enhardissaient à comparer quelques muscles tendus à l'extrême pour la circonstance !...

La buvette battait son plein, les chopines se vidaient, les verres s'entrechoquaient dans des « tchin-tchin » interminables, les têtes s'échauffaient et les vieilles rancunes resurgissaient...

Puis, enfourchant leur vélo, nos joyeux lurons enhardis, fiers comme Artaban, revinrent dans leur village, brandissant la coupe vaillamment gagnée, et chantant à tue-tête !...

— On a gagné... Les doigts dans l' nez ! Ils ont perdu... les doigts dans l' c... !

!!!!!

25

Quiproquo !

« La Minaude »... *c'était une brave* bougre qui vivait chichement dans sa ferme ! Cette vieille « demoiselle » dont la laideur sillonnée de rides encrassées avait quelques principes des plus surprenants !

Sa bouche édentée laissait apparaître une grande incisive pointant en avant qui dansait la sarabande avec quelques chicots de la mâchoire inférieure ! Ses cheveux relevés en chignon mal fait dégageaient des oreilles en feuilles de choux, où brillaient cependant des petites boucles d'oreilles en or.

Mal « fagotée », pour sûr, la minaude ! Oh ! Que voulez-vous, elle n'était point riche, alors ! Mais travailleuse et honnête, ah ça oui !

Et puis, « vieille demoiselle » de son état, disons qu'elle se « laissait aller » !

Mais pour couronner le tout, notre brave vieille avait une fichue habitude !

Ses culottes !

Quoi ? Ses culottes ! me direz-vous, quel secret pouvait bien cacher les culottes de la Minaude ?

Eh bien ! Elle les fabriquait en peau de mouton !

Si, si, c'est exactement comme je vous le dis ! En peau de mouton, madame !

Incroyable, mais cependant... véridique !

Si bien que « le derrière de la Minaude » était fatalement prétexte à toutes les plaisanteries ! De la plus salace à la plus abracadabrante !

Le derrière de la Minaude par ci ! Ses culottes par là ! Enfin... tout un programme !

À vrai dire, l'odeur doublée du physique ingrat de notre paysanne aurait fait fuir Cupidon lui-même toutes ailes déployées !

— Ah ! Vindiou ! Mais pue t'y c'te charrrrogne ! Mais pue t'y ! s'exclamaient les hommes en verve de plaisanteries gouailleuses, roulant les « R » comme on roule sa bosse... en grimaçant !

— C'est un remède contre l'amour, sûr ! Même qu' le "brecot" (bouc) du père Tondu sent pas plus mauvais !...

Un jour, elle décida de retaper un peu sa maison qui commençait à s'écrouler. La face nord se lézardait méchamment et, à moins que d'être contrainte "d' cucher vé lu bêtes, fallaut ben y faire séqué" (de coucher avec les animaux, il fallait bien faire quelque chose).

La Minaude entreprit donc quelques menus travaux, conséquents pour elle, voire révolutionnaires ! Forcément !

Elle n'en paraissait d'ailleurs pas peu "fiare" (fière) ! Et mon Dieu, n'hésitait pas à le claironner tous azimuts !

— “Où z’arringeaud l’ dari d’ ma maison” (J’arrange le derrière de ma maison), répétait-elle bien volontiers à bon entendeur. “Vous viendry ben y vère” (Vous viendrez bien voir) ?

Or, non loin de là, demeurait un journaliste réputé, écrivain talentueux, bien connu pour sa gentillesse. Sans doute que notre Minaude dans sa naïveté crut bon de mettre cet homme « bien placé » dans la confidence !

Après tout ! C’était un événement pardi ! Donc...

— “J’ m’en vas aller vère c’t’ houme qu’étau gratte papis” (Je vais aller voir cet homme qui est « gratte-papier ») ! Les intellectuels se voyaient souvent affublés de ce sobriquet hypocoristique !

Et voilà notre vieille demoiselle frappant à la porte de Louis.

— Bonjour, m’sieur l’ journaliste, lui dit-elle respectueusement.

— Bonjour mademoiselle... Qu’est-ce qui vous amène ? demanda-t-il courtoisement, surpris par cette visite pour le moins incongrue.

— C’est que... bégaya la pauvrette en triturant le coin de son grand tablier noir, je voudrais bien quelque chose !...

Elle n’osait regarder ce... Monsieur « qui détenait le savoir » ! Alors, les yeux rivés sur le bout de ses sabots, elle ajouta :

— Vous savez, j’ai fait réparer ma maison.

— Ah ! C’est bien ! répliqua gentiment Louis. J’ai ouï dire en effet. Mais... Est-ce que je peux faire quelque chose mademoiselle, insista-t-il poliment.

— Oh ! Ben ! Que oui ! répondit-elle, en levant la tête. Elle souriait, laissant entrevoir sa grande dent cariée, ses yeux illuminés par une étincelle de bonheur !

Tout à coup, elle se sentit considérée en tant que femme à part entière. Ce monsieur, ce savant !... Il la regardait respectueusement !... Elle savait bien qu'il était différent !

— !!!

— Voulez-vous ?... La Minaude hésita, puis tout à coup, reprenant son souffle, lança rapidement :

— Venez donc voir mon derrière comme il est beau ! Vous f'rez just' y rentrer et en r'ssortir aussi vite que vous y s'rez rentré !

!!!!!

26

Bis repetita !

C*ette très vieille paysanne, bien naïve*, amusait tout le monde... Les jeunes en particulier qui "la faisaient enrager" !

Oh ! Ce n'était pas méchant ! Mais non ! Juste histoire de rigoler un bon coup ! Mais l'Yvette, tous les gens de la contrée l'aimaient bien ! Elle était brave comme tout, va donc !

Pas d' malice pour deux sous, la bonne vieille ! Disons qu'elle n'avait pas inventé le fil à couper le beurre ! Oh ! Et puis quoi ? Y en a ben qui l'ont inventé à sa place ! Et ça fait ben quand même !

Elle parlait un peu comme ça ! Comme ça quoi ? Ben ! Du nez ! En plissant ses yeux et fronçant les sourcils et rajoutait des :

— Ah ! beeen looors ! Ah ! Beeen oui !

Évidemment, ça les faisait rire ! Et autant de fois les chenapans rencontraient l'Yvette, autant de fois ils "la chinaient" (terme local signifiant moquer).

D'ailleurs, lorsque l'oisiveté, mère de tous les vices, planait sur cette jeunesse bien inoffensive,

l'Yvette se retrouvait l'égérie de paris et rigolades sans jamais le soupçonner !

Quelle joie d'aller rôder près de sa vieille maison où, à coup sûr, ils la trouveraient soit dans son jardin occupée à planter ses salades que cette maudite taupe prenait plaisir à expulser, tel un volcan projette sa lave, ou encore assise sur les marches de l'escalier, le moulin à café serré entre ses genoux et de sa main droite déformée par des rhumatismes, en train de tourner la manivelle :

— Ah ! Mes bons p'tits, disait-elle en les voyant s'approcher ! J'suis ben contente de vot' visite ! Ah ben oui ! Ah ben lors ! Elle s'arrêtait, tapotait un peu son moulin, ouvrait le tiroir, passait son doigt dans le café moulu, et tournait de nouveau la manivelle qui grinçait en écrasant les derniers grains. Ah ! Been oui, bien plaisir vot' visite ! Vous êtes des bons p'tits ! Bons p'tits va donc ! Bien bons p'tits !

Les mains dans les poches, ils prenaient un air faussement désœuvré, marchaient en sifflotant, envoyaient valdinguer un caillou d'un coup de pied...

— Qu'est-ce qu'il y a dans vos cabanes, là-bas derrière la remise à foin ? questionnaient-ils railleurs.

— C'est mes lapins bien sûr, mes bons lapins ! Ah ! beeen, oui ! Mes lapins !

— Alors Yvette, vous avez des lapins chez vous ? insistaient les gosses.

— Ah ! Beeen looors ! Ah ! Beeen oui ! J'en ai ben "qu' vaille" ! (J'en ai beaucoup) !

— Et qu'est-ce que vous en faites de ces bestioles ? insistaient les jeunes, connaissant d'avance la réponse qu'à longueur de semaines, de mois et d'années ils s'amusaient à lui faire répéter encore et encore...

— Ah ! beeen looors ! Ah ! Beeen oui !! Quand ils sont bien “v’nus” (gros), j’ les tue ben ! Ah ! beeen oui ! Ah ! Beeen looors !

— Vous les tuez ? Et après ?

— Ah ! Ben lors ! Ah ! Ben oui ! J’ les tue beeen ! Et puis j’le fais beeen cuire ! Ah ! been oui ! Ah ! Been loors ! J’ les fais cuire pour sûr !

— Et comment ?

— Ah ! been loors ! Ah ! Been oui ! Dans la casserole ! J’ les fais beeen cuire ! Ah ! beeen oui ! Dans la casserole !

— Yvette ! Donnez-nous votre recette ! insistaient les jeunes ! À ce qu’il paraît !... Y a que vous pour savoir si bien cuisiner le lapin !

— Ah ! Beeen looors ! Ah ! Beeen oui ! J’ fais toujours pareil ! Toujours la même chose ! Ah ! Ben lors ! ah ! Ben oui !

— Dites ! Allez, dites-nous Yvette !

...Et pour la mille et unième fois !... La brave vieille répétait :

— Ah ! Beeen loors ! Ah ! Been oui ! Je mets mon devant en sauce et je fais rôtir mon derrière ! Ah ! Been oui ! Ah ! Been loors !...

...Et elle s’en allait, haussant les épaules dans le style « fatalitas » et rabâchait... Ben oui ! C’est bien bon mon d’vant dans la sauce et mon derrière bien rôti !... Ah ! Beeen looors ! Ah been oui !

!!!!!

27

Courage… fuyons !

S'il est une réalité historique, il s'agit bien du départ à la guerre de 1914 de nos jeunes soldats… la fleur au fusil. Tous quittaient leur ferme, persuadés que cette guerre ne durerait pas longtemps et qu'il fallait défendre la patrie contre le belliqueux envahisseur qui récidivait.

Leur famille affichait même une certaine fierté à voir le fiston partir défendre la France.

Je sais, ce n'est pas facile à comprendre aujourd'hui et plus difficile encore à admettre. Mais, c'était ainsi ! L'esprit patriotique de nos ancêtres nous laisse pantois, et admiratif !

Il faut rappeler que, dès leur plus jeune âge, à l'école, les instituteurs leur inculquaient des leçons de morale récitées chaque matin, les mains derrière le dos, debout face au grand tableau noir sur lequel une inscription à la craie blanche stipulait :

« Aimons notre Patrie »

Les gosses prenaient conscience de leur rôle de défenseurs de la mère Patrie et en tiraient un sentiment de dignité !

Au catéchisme, monsieur le curé ne réitérait-il pas les mêmes valeurs ? D'accord ! En incluant Dieu au milieu ! De manière à rajouter une motivation !

— Dieu et la Patrie !

Bref ! Toutes les conditions réunies « endoctrinaient » les enfants, les transcendant en futurs preux chevaliers.

Les chansons apprises en classe apportaient la touche finale ! Il était question de...

« *Et c'est toi, Patrie adorable*
Que d'aucuns voudraient déserter,
Son drapeau qu'un misérable
Sur le fumier voudrait planter !
De peur que ces Iscariotes
Ne la vendent à l'étranger, Cœur contre cœur, fils patriotes,
Entourons la Mère en danger. »

...Si bien, que le moment venu, eh bien ! Mon Dieu nos braves ch'tits bougres ne se posaient pas trente-six-mille questions ! Ils y allaient de bon cœur !

Enfin, pour certains ! Car d'autres ne l'entendaient pas de cette oreille !

C'est exactement ce qui se passa dans une ferme reculée de la « montagne » !

Le fils unique de cette maison s'apprêtait à faire son devoir. Une ambiance triste régnait et la pauvre vieille mère pleurait « ben tout son saoul ». Ses mains ridées n'en finissaient pas de faire et défaire la valise en carton bouilli marron soigneusement fermée par deux tours de ficelle.

— S'agit pas que ça s'ouvre pendant le voyage ! répétait-elle en essuyant les larmes qui roulaient sur ses joues rougies avec son grand mouchoir à petits carreaux violets et blancs.

Alors, elle rajoutait un saucisson roulé dans du papier journal, des fromages de chèvre, et même des œufs cuits durs... et puis une autre bonne paire de chaussettes bien chaudes qu'elle avait tricotées l'hiver dernier, durant les longues veillées au coin de la cheminée... pendant que son p'tit gars faisait griller les châtaignes dans la poêle trouée à long manche.

Vraisemblablement déchiré par cette situation, le bon paysan serrant son fils dans ses bras déclara d'un ton ferme :

— "Avisy bien et si où z'battau autour de tè, laissaut lu faire, t'en mélla pas" (Regarde bien et si ça se bat autour de toi, laisse-les faire, ne t'en mêle pas) !

Sage conseil suivi à la lettre, car le jeune homme revint sain et sauf !

!!!!!

28

Ventouse... ouille... ouille !

E*n voilà ben un brave bougre !* "Que vivau tout su dins une masure" (qui vivait seul dans une masure) ! Mais sale ! Mais sale qu'il était le Pierrot ! Plus noir que l' cul d' la poêle à frire le laaard ! Les gosses du village en avaient peur et s'enfuyaient à toutes jambes à la vue du Pierrot !

Il faut dire qu'il était vraiment bizarre ! Peu de personnes connaissaient le son de sa voix. Il ne parlait quasiment jamais ! Il allait et venait de ferme en ferme, travaillait un peu par-ci par-là, contre une soupe de choux, une saucisse, quelques œufs !

Le dimanche matin, notre bon bougre descendait au village. Les cloches sonnaient à toute volée, et les fidèles endimanchés se rendaient à la messe.

Fréquemment le Pierrot faisait irruption en cours d'office : il ouvrait sans précaution la grande porte, traversait l'allée centrale et restait debout, les mains derrière le dos ! Il regardait le maître-autel, comme cela, sans bouger, l'air hagard !

Oh ! Personne n'y prêtait vraiment attention ! C'était le Pierrot, alors ! Tout le monde s'habituait à ses fredaines. Après tout, il ne faisait pas de mal !

Puis, quelques instants plus tard, il repartait, traînant ses sabots sur le dallage et claquait la porte !

— Hou ! Sacré vieux bougre, grommelaient les intolérants !

Mais, ce n'était certes pas très grave !

Or, un jour notre Pierrot tomba malade. Un vilain rhume que même la gniole n'avait pas réussi à guérir ! Il restait tapi au coin de son vieux fourneau à bois, assis sur une chaise dépaillée, la tête dans les mains. De temps à autre, il essuyait d'un revers de manche de sa grosse veste la morve qui pendait lamentablement de son nez. Ses yeux fiévreux brillaient. Marie, une voisine, s'inquiéta.

— Héo ! dit-elle en poussant la vieille porte déglinguée ! Ça va pas Pierrot ?

Mais elle n'obtint pour toutes réponses que le bruit d'une toux rauque.

— Faut vous soigner Pierrot, allons ! Vous voyez ben que ça va vous tomber sur la poitrine ! Faudrait voir le docteur !

— Plutôt crever, répondit le bon vieux.

La voisine repartit, non sans lui avoir promis de revenir dès le lendemain.

En effet, tôt le matin, elle y retourna, apportant un bidon en fer blanc rempli d'une bonne soupe bien chaude, un gros morceau de pain et du miel.

— Il a sûrement rien à manger ce sacré Pierrot, pensa-t-elle chemin faisant. Je me demande bien comment je vais pouvoir l'aider... ce vieil original un peu fou !

— Héo ! Le Pierrot ! "Oué mè" (C'est moi) !

— "Rintry" (Entrez) !

— Tiens, tiens ! murmura-t-elle. Il répond aujourd'hui ! Bizarre !

Mais lorsqu'elle ouvrit la porte, elle resta pétrifiée par un spectacle hors du commun !

— Oh ! Mon Dieu ! Sacrée vieille baderne ! cria Marie ! Mais qu'est-ce que vous faites donc ?

Le Pierrot avait décidé de se soigner ! Et pour ce faire, il voulait se poser des ventouses ! Mais... n'en possédait pas ! Donc ! Ni une ni deux ! Il prit un pot de confiture au fond duquel il glissa un énorme morceau de filasse enflammée et se le plaqua sur la poitrine ! « Pour attirer le mal du dedans au dehors ! »

Mais, un bocal n'est certainement pas ce qu'il y a de mieux pour ce genre de traitement ! Et la peau du brave vieux gonflait, gonflait à l'intérieur ! Toute violacée ! Affreusement brûlée !

— Quelle horreur ! hurla Marie ! Mais vous êtes trop fou !

Il arpentait sa bicoque de droite à gauche, complètement affolé, le bocal sur la poitrine, la culotte retenue par une ficelle, à moitié descendue sur les fesses, bretelles pendantes ! Marie comprit alors qu'il ne pouvait tout simplement pas enlever cette ventouse de fortune qui lui collait à la peau.

— Mais qu'est-ce qu'on va faire mon doux Jésus ? se lamenta la gentille voisine. Il faut absolument arracher ce bocal ! Ohlala ! Mais quelle idée aussi ! C'est pas vrai d'être aussi bête va !

Le Pierrot beuglait et ses yeux exorbités trahissaient une peur panique terrible... et une douleur qui ne l'était pas moins.

— Ouille ouille ouille ! gueulait-il en courant dans tous les sens ! Ah ! Milliard de Diou, de millard de Diou ! Ouille ouille ouille !

Il sautait d'une guibole sur l'autre, rattrapait la culotte qui fichait le camp et bavait en vociférant !

— Eh ben ! se dit Marie. Si quelqu'un arrivait et voyait ce spectacle, j'aurais fière allure moi, tiens ! Chez le Pierrot, à demi-nu avec un bocal collé sur la poitrine en train d'essayer par tous les moyens de s'en débarrasser !

Il se précipita vers la porte en gesticulant, retenant tant bien que mal le pantalon qui ne cachait plus grand-chose !

— Vous allez pas sortir comme ça quand même ! hurla-t-elle.

Mais l'homme courait comme un dératé en direction de l'écurie, le bocal toujours scotché sur la peau !

Il revint, tenant dans sa main... un marteau !

— Allez-vous finir cette comédie espèce de vieux bredin ! Qu'est-ce que vous comptez faire avec ce marteau ? Ah ! C'est ben comme je vous le dis, c'est un bon coup sur votre tête d'âne qu'il vous faudrait !

Mais elle n'eut que le temps de comprendre...

...Il frappa un grand coup sur le pot qui vola en éclats !

Une énorme brûlure apparut, gonflée, cyanosant son torse décharné !

— "Ouille ouille, où va mieux" ! dit-il.

Marie ne put retenir un fou rire mémorable ! Elle raconta cette histoire le soir aux veillées des années durant, mimant à ravir cette scène avec toujours le même enchantement !

!!!!!

29

S.O.S. ! Animaux !

L*'hiver particulièrement rigoureux,* cette année-là, métamorphosait la campagne en un univers désespérément brûlé par le gel qui n'en finissait pas de sévir. Les bêtes ne sortaient que deux fois par jour pour se dégourdir les pattes et boire à la bachasse.

Jules inlassablement brisait la glace et scrutait le ciel. Rien à faire ! Aucunes prémices d'amélioration. Le rougeoiement de l'horizon et cette satanée bise qui transperçait tout et figeait dans une léthargie quasi sibérienne la campagne enneigée, paraissait s'accrocher aux flancs de la montagne. La froidure insupportable anéantissait toute vie extérieure... et pourtant... c'était justement de vie dont il s'agissait !

... Car, couchée sur un maigre grabat, dans la cuisine près de la cheminée qui ronflait « hardi donc », la Jeanne s'apprêtait à mettre au monde leur premier né, mais hélas prématuré.

Jules, que tout le quartier surnommait Julot, était bien en peine, va ! Pourvu que ça se passe bien ! Les gémissements qui montaient crescendo ne le rassuraient guère ! De temps en temps, une des voisines venues à la rescousse sortait, emmitouflée dans son fichu et commentait l'évolution !

— "Où z'a toujours rien" ! criait-elle en direction de l'écurie.

— Mais y en a t'y encore pour longtemps ? demandait le mari... impatient ou peut être inquiet.

— "Où vint pas ! Où vint pas" (Ça ne vient pas) ! Puis elle s'engouffrait dans la cuisine, refermait violemment la porte sur la froidure implacable.

Les flammes léchaient la marmite pendue à la crémaillère, l'eau bouillait. Elles rajoutaient un seau tiré du puits. Le temps passait. Les heures s'égrenaient au son du tic-tac de la belle horloge, marquant les grandes heures de la vie.

— Vous savez, Jules, moi j' s'rais vous, je m'en irais bien vite chercher le docteur, cria la voisine. Ça veut pas venir !

— J'y vas ! J'y vas ! maugréa Julot... dérangé ? contrarié ? Qui sait...

Á cette époque, fin XIXe, les rares médecins se déplaçaient principalement en voiture à cheval, mais impensable ce jour-là. L'état des chemins interdisait quelles que vacations que ce soit. Ce fut donc à pied, sacoche en main, que le brave docteur parcourut les cinq kilomètres pour se rendre auprès de la jeune parturiente.

— Un garçon ! Ma p'tite dame s'exclama le praticien en secouant le nouveau-né comme un prunier !

Mais très vite, il se ravisa :

— Il est très chétif ce bébé ! Je ne sais pas s'il vivra ! Et puis il fait tellement froid ! Mon Dieu ! Je ne peux rien promettre ! Il faudrait trouver un moyen de le tenir au chaud, mais alors... vraiment au chaud... même près de la cheminée, ce n'est pas suffisant !

Le médecin quitta la ferme.

— Moi, je sais ce qu'il faut faire, s'écria une des femmes.

Elle se précipita dehors et héla Jules affairé auprès de son cheptel.

— Amenez-vous donc, enfin bon sang de bonsoir, votre femme et votre fils passent p't-être bien avant vos sacrées bestioles, bougre ! Dépêchez-vous de trouver quelqu'un qui accepte de tondre un mouton, et rapportez moi la laine... allez faites vite ! Ma grand-mère m'a toujours raconté qu'elle avait sauvé sa fille comme ça !

— Un... un mouton ? questionna Jules visiblement stupéfait.

Jeanne ayant retrouvé ses esprits s'écria :

— Monte chez la Virginie, j' suis sûre qu'elle refusera pas ! Dépêche-toi !

— Ah ! Ben ! Tondre un mouton en plein hiver, avec le froid qui fait ! Vous avez d' ces idées vous alors !

— Oh ! Mais allez-vous vous remuer un peu, oui ou non ! Les moutons sont à la bergerie, et votre gamin va mourir... alors !

— J'y vas ! J'y vas !

Jules arc-bouté, les mains croisées sur la poitrine tenant son grand pardessus bien fermé, avançait la tête baissée. Le vent sifflait au-travers du squelette des arbres, les congères s'amoncelaient telles des dunes blanches, figées par la glace. Dieu ! Quelle froidure !

Il n'était pas très fier le Jules !... Pensez donc ! La Virginie est ben bien gentille ! De bon service, d'accord ! Mais de là à tondre une bête !... Bah ! Toujours des histoires de bonne femme !...

La brave vieille paysanne n'hésita pas une seconde ! Une brebis fut tondue, la laine emballée dans un sac à patates en toile de jute et Julot revint tout content.

Pierre, le bébé bien emmailloté et couché dans la laine de mouton près de la cheminée, traversa sans problème la fin de cet hiver rigoureux, paraissant tout à fait satisfait de sa condition !

Mais les soucis réapparurent lorsque Jeanne ne put continuer à le nourrir. Il était si maigrichon ! Que faire ?... Et la brave voisine, toujours de bon conseil lui dit :

— Du lait de chèvre pardi ! C'est ce qu'il y a de mieux pour l' Pierrot !

Eh bien ! D'accord pour le lait de chèvre, fort apprécié d'ailleurs par ce bout de chou de gamin !

Si bien que quelques années plus tard, bon pied, bon œil, et surtout bon palais, il n'était pas rare de voir le petit Pierrot à quatre pattes, au beau milieu du pré, téter sa biquette en toute confiance... Confiance partagée car la brave bête ne bronchait ni pied... ni tétine !...

Devenu homme, Pierre se plaisait à dire qu'il devait sa survie à un mouton tondu un soir de grand froid et à une chèvre docile...

Ainsi donc la vie ne tint bien qu'à un fil... de laine !*

!!!!!

---

* **Si cette histoire vraie ne figure pas au rang des plus comiques, j'ai néanmoins tenu à partager sa sublimité avec mes lecteurs.**

30

Pendu... trop haut !

— *Monsieur le maire ! Monsieur* le maire ! hurlait le brave Baptiste en montant quatre à quatre les escaliers en bois de la mairie.

Alors qu'il s'apprêtait à entrer dans le bureau de l'élu, Baptiste stoppa net devant la porte entrouverte, reprit son souffle et, les yeux exorbités, ôta sa casquette de tous les jours... Ce qu'il devait annoncer à monsieur le maire était de la plus haute importance, mais cela n'excluait en rien le respect dû au représentant du peuple !

— Monsieur... monsieur le maire ! Ohlala ! C'est affreux ! Mais affreux... affreux !

L'élu, surpris d'une telle incursion inattendue de la part de son garde champêtre, resta muet et scruta le regard épouvanté du Baptiste qui n'en finissait pas de rabâcher :

— Ah ! Monsieur le maire, c'est affreux !

Puis, chassez le naturel, il revient au galop, cela se termina par de sonores :

— Oh ! Nom de Dieu de nom de Dieu ! Ouè pas possible, Vindiou de Vindiou de...

— Allons, allons Baptiste, mais qu'est-ce qu'il y a donc de si affreux ! Vous avez vu le diable ou quoi d'autres ?

— Oh Nom de D... de nom de D ..., j'aurais mieux aimé voir le diable que ça ! Ah ! Nom de D... de nom de D...

Alors le brave garde champêtre mima au mieux la scène horrible dont il venait d'être témoin. Il se serrait le cou de la main gauche en tirant une langue énorme et révulsait ses yeux tout en continuant sa sempiternelle jérémiade :

— Comme ça qu' j' vous dis que j' l'a trouvé le Marcel... comme ça !

— Comme ça quoi ? cria le maire ! Hein ? Quel Marcel ?

— Halala Nom de D... de nom de D..., comme ça qu'il est l' Marcel !

— Enfin, insista l'élu d'un ton qui se voulait sévère, quoi ? Quel Marcel ? Qu'est-ce qu'il a votre Marcel en question ? Vous allez pas me dire que...

— Si, si, justement ! Si, ohlala ! Nom de D...

— Arrêtez ! Suffit maintenant ! D'abord, enlevez votre main de votre gorge et arrêtez de tirer une langue de pendu...

— C'est ça, c'est ça m'sieur l' maire, c'est ça même... pendu ! Pendu qu' j' l'ai trouvé l' Marcel Tartamp !

— Pendu ! Mais il est mort ?

— Ah ben ! Pour c' qui est d'être mort ! Il est aussi mort qu' nous vivants !

— Mais, Baptiste, vous avez coupé la corde quand même au moins ?

— Beeennn ! C'est que... ma foi... J'y ai quasi pas pensé ! bégaya le brave bougre. Quand j'a vu c' spectacle, pensez ben qu' j' m' suis sauvé tant que j'ai pu courir !

— Ah ! Que c'est ennuyeux ! susurra le maire perplexe.

Le pauvre Baptiste triturait sa casquette dans tous les sens, l'échappait, la ramassait, secouait la poussière en la tapant sur son pantalon, et tournait en rond dans la salle en se frappant la tête et en martelant sa poitrine.

— Arrêtez de vous agiter de la sorte, hurla le maire exaspéré, vous m'emmerdez Baptiste !

— Ah ! Voyez ben qu' même vous, ça vous retourne tout va !... se lamenta le garde !

— Oui... Bon, je conçois que vous soyez choqué, mais enfin, reprenez-vous voyons ! Ennuyeux ! Ennuyeux cette histoire ! marmonnait le maire en se mordillant la lèvre inférieure.

— Mais, qu'est-ce qu'on va faire, questionna Baptiste ?

— Ben, le dépendre pardi ! Que voulez-vous faire d'autre ? Réfléchissez un peu ! répondit l'élu profondément agacé, d'un haussement d'épaule sans équivoque.

— Et qui va s'en charger ? demanda le garde inquiet.

— Mais vous, Baptiste ! Vous ! C'est votre fonction après tout !

— Moi ? grogna le brave bougre, moi ? Ah Nom de D... de nom de D... Il nous aura ben toujours fait c... ce con de Marcel ! J'aurais dû m'en douter ! Fallait ben qu' ça m' tombe sur le coin d' la gueule une histoire pareille, Ah ! Nom de D... de nom de D...

— Baptiste ! trancha le maire d'une voix ferme, vous prenez une échelle et vous allez me dépendre ce pendu et tout de suite, compris ! Et surtout, vous arrêtez de jurer comme un « patier », ça commence à bien faire !

De son index, il lui signifia sans ménagement la direction de la porte et le somma de régler cette sale affaire diligemment !

Mais, afin de se remettre de ses émotions, et sans doute pour se donner du courage, voire des forces, notre Baptiste se rendit au bistrot du village. Et le voilà en train de raconter son histoire, à grand renfort de gestes et de jurons ronflants ! Et un canon par-ci et un autre par-là, et vas-y que je picole... Jusqu'à ce que notre « délégué » soit bien saoul !

— Maintenant, j'y vas ! dit-il d'un air décidé !

Il ouvrit la grande porte de sa grange, déposa une échelle sur sa brouette et le voilà parti en direction de l'arbre où le malheureux avait décidé de mettre fin à ses jours. Évidemment, ses compagnons de beuverie lui emboîtèrent le pas à son insu !

Oh ! Il zigzaguait bien sur ce fichu chemin ! Les cailloux bloquaient la roue de la brouette, l'échelle dégringolait malgré maintes tentatives pour la retenir d'une main malhabile, et le Baptiste tempêtait... Vlan ! À bas tout l' bazar ! Échelle et brouette ! Et vas-y qu' le pauv' gars redresse... la situation !

Ses copains riaient en le voyant avancer en "brequillant" se battre avec sa brouette et son échelle.

Enfin, après bien des maux, le voici arrivé auprès de l'arbre. Respectueusement, il quitta sa casquette, se signa vaguement et dressa l'échelle contre le tronc, puis se hissa jusqu'au dernier barreau. Il avait beau se mettre sur la pointe des pieds, s'agripper à une branche, se contorsionner dans tous les sens, couteau en main, rien à faire !

...L'échelle était trop courte ! Allons bon ! Manquait plus que ça ! Il essaya à plusieurs reprises, en la déplaçant, évaluant le meilleur emplacement... en vain ! Impossible d'atteindre la corde... Et le Baptiste occultant le pendu, le signe de croix et tout le diable et son train continuait sans relâche sa litanie de vilains mots...

— J'y arrive pas nom de D. de nom de D... Ah ! C'est trop court ! P't-être là... eh ben non plus ! Ah ! c'est trop court, c'est trop court, y a rien à faire va !... Qu'est-ce que t' veux qu' j'y fasse !

Ses copains tapis dans une haie le virent alors redescendre pour la énième fois, remettre l'échelle sur la brouette, réajuster sa casquette, puis levant les yeux et haussant les bras au ciel, s'adresser au Marcel avec, il faut le reconnaître une certaine condescendance, en ces termes :

— Oh ! Et puis te m'emmerdes... t'es pas pressé après tout !... T'es pas bien mal pendu là-haut... T'attendras ben cinq minutes de plus que je revienne avec une échelle plus grande !...*

!!!!!

* Note de l'auteur : Ces histoires vraies relatent un état d'esprit d'une autre époque et je les raconte avec humour, certes, mais dans le respect absolu de l'individu en tant que tel. En ces temps, où les seuls divertissements passaient par les faits quotidiens vécus en toute simplicité sans se poser de question, et surtout sans une once de méchanceté malsaine.

31

Système D… éfense !

Ce *n'était certes pas une histoire drôle* à l'origine ! Et pourtant comme souvent, même dans des situations on ne peut plus critiques, il se trouve des acteurs qui, s'ils ne se veulent pas comiques, font néanmoins basculer un tenant dramatique en un aboutissant burlesque !

C'est exactement ce qui arriva à un brave bougre pourtant mêlé à une sale histoire.

Les faits remontent au début du XXe siècle.
Le grand Honoré avait fait le con ! Mais alors, pas une petite bêtise ! Non, pensez-vous ! La grosse connerie qui vous conduit tout droit devant les tribunaux ! Et pas n'importe lesquels ! La cour d'assises pardi ! Eh oui !

Il était ben tout penaud le grand Honoré à la mine patibulaire devant tous ces "monsieurs" habillés avec de robes et de "chapés" (chapeaux) ! L'avait ben mis son plus beau complet comme lui avait conseillé son avocat, ce qui n'avait pas l'air d'adoucir leurs œillades obliques qui le fusillaient.

— Eh ben mon vieux si je pensais à ça moi, pauvre ch'tit bougre "qu'avaus jamais fait de ma à parsoune" (qui avais jamais fait de mal à personne) !

— Accusé, levez- vous, déclara sèchement le président du tribunal, et déclinez votre identité.

— Je "m'appelau" (appelle) Honoré Ducot, mais tout le monde par chez nous me "surnommond" (surnomme) l' grand Coco !

Puis après un bref silence, il ajouta :

— Comme Coco la bague, ou Coco la praline !

Le président dépité demeura interloqué quelques instants. L'avocat fronça ses épais sourcils en broussaille qui durcissaient son regard.

— J'ai p't-être dit une connerie, pensa notre bon bougre. Ben ma foi, il me demande comment que j' m'appelle, j' lui dis pardi ! Tout le monde me surnomme le grand Coco, j'y peux rien moi ! Et puis, c'est pas plus vilain qu'autre chose ! J' m'en fous après tout !

— Vous connaissez les faits qui vous sont reprochés ? trancha le juge.

— Ben ouais ! répondit-il.

— Vous savez que vous risquez la peine capitale, insista le président assortissant l'énoncé de la sentence encourue d'un regard appuyé.

— Oh ! Ben non monsieur, "où se pouillaut pas" (Ça ne se peut pas).

Le magistrat saisissant le dossier placé sur la table devant lui, le feuilleta sans mot dire, jetant de temps à autre un coup d'œil sur le grand Coco qui se dandinait d'un pied sur l'autre, reniflait bruyamment, se décrottait le nez, se grattait les oreilles et les fesses et passait ses longs doigts maigres et crochus dans sa tignasse rousse. Les poils de sa moustache, raides comme des balais de chiotte, camouflaient une lèvre supérieure mutilée. Un coup de sabot de cheval qui faillit l'envoyer à trépas, mais il était solide le gaillard va ! Bien sûr, les dents volèrent en éclats, mais ça l'empêchait pas "d' minger quind même, alors, fallaut pas s' plindre" (De manger quand même, alors il ne fallait pas se plaindre) !

Insaisissable personnalité, sembla songer le magistrat ! Mais n'empêche que ce type bizarre était accusé de meurtre. Car il s'agissait bien du pire chef d'inculpation qui soit !

— Meurtre ! clama sèchement le président. Il va vous falloir argumenter pour votre défense, monsieur Ducot, sinon...

Le grand Coco jeta un coup d'oeil interrogateur en direction de son avocat. Que pouvait bien signifier « argumenter » ! Jamais entendu c' mot-là avant moi ! Y z'en ont d' ces façons pas ordinaires d' causer ces monsieurs d' la ville !

L'avocat vint à son secours, et à grand renfort de gestes et de belles phrases auxquelles il ne comprenait rien, plaida sa défense.

Le grand Coco dansait toujours d'un pied sur l'autre et répétait ses mimiques instinctives, l'air absent, comme perdu au plus profond de ses pensées. Se rendait-il vraiment compte de l'enjeu ? Pourra-t-on jamais le dire ? On avait l'impression que ces rapports ne le concernaient pas, ne s'agissant ni de son histoire, ni de sa vie qui se jouait.

Des témoins défilèrent les uns après les autres, le soutenant, qui avec des formules apprises par coeur et béatement récitées, qui avec des mots simples mais percutants. À l'unanimité, cet homme était considéré comme le brave des braves. Sous-entendu, m'sieur l' président, ne lui faites pas d' mal à notre grand Coco, c'est pas d' sa faute si la queue du chien est restée derrière ! Elle est ben v'nue quand même ! Et puis, c'est un bon commis déclamèrent clairement certains. Qu'est-ce qu'on va faire sans lui hein ? C'est qui va faire faute c't oiseau ! Y a pas son pareil pour mener les bœufs !

Au fur et à mesure de la procédure, l'impression générale basculait ! On arrivait à trouver tellement de circonstances atténuantes à notre brave bougre que la tendance s'inversa, et que du coup la victime devenait... le coupable !

— Bof ! Y valait pas cher l'autre ! L'a ben eu qu' c' qui méritait !

— L'est ben moins regretté qu' le Coco, pour sûr !

— Un feignant, qu'y a pas son pareil !

— Et puis voleur, va ! Par-dessus le marché !

— Tous les défauts, buveur, menteur...

— Quand c'était pas d' courir après les femmes, par-dessus le marché ! Oh ! Ben du joli !

Et blablabla, et blablabla !

Le temps passait. Le président, au visage rubicond, lorgnait derrière ses petites lunettes rondes cette espèce d'énergumène, grattait de son index son front dégarni, soutenait sa tête dans les mains en scrutant les réactions éventuelles de son client... en vain !

— Monsieur Ducot ! déclara-t-il d'une voix ferme, qu'avez-vous à dire pour votre défense ?

— Oh ! Pas grand-chose m'sieur l' juge. Puis se ravisant, il ajouta d'un ton très sérieux et déterminé : Vous savez, l'a pas souffert l' gars !

— Comment ? cria le magistrat indigné. Et vous pensez que c'est un argument de défense, ça ?

— J' sais pas trop c' que vous voulez dire m'sieur, bafouilla l' Coco, mais moi j' vous donne ma parole d'honneur qu' j' l'ai pas fait souffrir ! Parce que, voyez-vous, ajouta notre brave bougre, j' l'a chopé comme ça... J'a l'habitude pour tuer les lapins...

Et mimant la scène, il tenait sa main gauche serrée feignant de maintenir la tête de sa victime, et de la dextre, le bras haut levé, il simula un grand coup de bille derrière les oreilles.

— J' vous garantis m'sieur qu' l'a pas souffert pour deux sous ! Comme on fait pour tuer un lapin, pareil ! Vlan ! "Com itien" (Comme cela) ! Et il refit le geste fatal en réitérant : l'a pas souffert... Ah ! Ça non !

Toute l'assistance éclata de rire dans un brouhaha général, immédiatement réprimandée par le fonctionnaire pantois qui n'en croyait pas ses oreilles.

— Silence ! Ou je fais évacuer la salle !

Une atmosphère glaciale et lourde de conséquence baigna tout à coup l'enceinte. Mais notre grand Coco ne semblait nullement concerné ! Puisqu'il ne l'avait pas fait souffrir ! Alors ! Tout de même...

— Pour la dernière fois, monsieur Ducot, je vous demande de me donner les raisons valables de votre geste, s'enquit le fonctionnaire.

Sans aucune hésitation ni regard en direction de son avocat dépité et quasiment impuissant face à une situation inhabituelle qui paraissait lui échapper, Coco reprit la parole:

— Vous pouvez dire m'sieur l' juge que j'ai débarrassé la "tarre" (la terre) d'une belle saloperie !

Une clameur cacophonique percée de rire monta dans la salle de ce tribunal transformée pour l'heure en... basse-cour piaillante ! Le juge contint un rictus dont on ne sut jamais s'il trahissait un sourire ironique ou une mimique de compassion...

Toujours est-il que notre grand Coco de la lune s'en tira plutôt bien, n'écopant que de quelques années de prison, ce qui ne l'affecta nullement, car dira-t-il plus tard :

— "N'étin bien soignant ! N'avin de què maingea tous lu jours et je f'sau qu' dormir ! J'avau eu ni fre ni fan" (j'étais bien soigné, j'avais à manger tous les jours et je ne faisais que dormir ! Je n'ai eu ni froid ni faim) !

Pour la première fois de sa vie, il coucha sur une paillasse, lui qui habituellement se recroquevillait à même le sol sur une vieille couverture !

Il retrouva dès sa sortie tous les gens qui l'avaient soutenu, et reprit son travail de commis dans les fermes.

L'histoire ne dit pas s'il tua d'autres lapins en leur assénant un grand coup de bille derrière les oreilles... sans les faire souffrir !

!!!!!

La marmaille de gamins criait en courant à travers la cuisine. Vas-y qu' j' t'attrape, que c'est moi qui ai gagné... que c'est toi qui as perdu, nanananananère.... Des gosses, il y en naissait un tous les ans dans cette famille, alors les bonnes manières, hein ! C'était pas pour eux ! Ça va comme j' te pousse, et ça va ben quand même ! Les grands s'occupaient des petits parce que la mère était toujours "au lait ou aux œufs" ! Chez eux, "les commodités*" n'existaient pas, alors lorsqu'un enfant faisait ses besoins dans le seau hygiénique commun, une aînée le torchait avec un bout de papier journal qu'elle jetait négligemment dans le coffre à bois derrière le poêle. Fallait pas gaspiller le papier... qui servirait à rallumer du feu, économie, économie !

Or un soir, le père rentra du travail accompagné par trois collègues. La maison n'était pas riche, mais il y avait toujours de quoi faire une omelette va donc ! Une bonne chopine et le tour était joué.

— C'est juste histoire de casser une croûte, dit le paternel. Allez les filles, au boulot. Francine, bats les œufs et toi, Etiennette, va chercher la grande poêle à frire.

Mais quelle ne fut pas la stupeur des trois hommes quand ils s'aperçurent que la gamine empoignait sans aucune hésitation le papier journal... du coffre à bois... pour nettoyer la gamelle* !

Oh ! Quelle histoire ! Vous parlez ! Une fois cuit... hein !... D'ailleurs les parents n'émirent aucune objection... Sans doute en avaient-ils l'habitude !...

!!!!!

---

* Commodités : en terme local les toilettes.
* Autrefois, les poêles en fer ne se lavaient pas, mais étaient toujours nettoyées avec du papier journal.

Au cimetière, deux fossoyeurs s'activaient ! C'est que pour l'enterrement du notable du coin, fallait faire vite et bien ! Le caveau, un des plus beaux du « boulevard des allongés » allait recevoir pour l'éternité monsieur Talaclasse. Mais voici que le corbillard arriva suivi du cortège funèbre, alors que le travail n'était pas achevé.

— Ah ! Mince ! fit l'un des fossoyeurs. Les v'là déjà ! Comment qu'on va faire ?

— T'inquiète, répliqua l'autre, t'auras qu'à rester à l'intérieur du caveau sans te faire voir, et moi je vais me placer devant, comme si j'étais en faction au garde-à-vous en somme ! On finira quand tout le monde sera parti.

Voilà qui fut fait. Il est bien connu que les funérailles de nantis s'éternisent un peu beaucoup. Du discours du maire, à celui de l'association Trucbidulechouette, via les hommages rendus par les anciens de ceci et de cela... enfin, ça n'en finissait plus ! Le curé en rajouta une couche ! Notre brave fossoyeur tapi au fond du caveau commençait vraisemblablement à trouver le temps un peu long ! Sans doute que la compagnie dont il bénéficiait en pareil lieu ne lui convenait guère ! Alors tout à coup, il sortit la tête du trou, la passa entre les jambes de son collègue stoïque, les mains croisées derrière le dos et les jambes écartées et s'exclama tout naturellement :

— Y'é t'y d'abord fini ?

!!!!!

En bref... En bref... En bref... En bref... En bref... En bref...

Le président de la FNSEA (Fédération nationale des syndicats des exploitants agricoles) organisa un voyage de trois jours en train à destination du salon de l'agriculture à Paris. Les braves bougres d'un petit village s'apprêtaient donc à monter à la capitale pour la première fois de leur vie. Mon Dieu ! Quelle expédition ! Tellement crainte de manquer de « carburant », ils emportèrent un tonneau de trente litres de pinard attaché avec des cordes qu'ils trimbalaient au bout de bâton. Les musettes regorgeaient de nourriture, saucissons, jambons, lard et fromages... les compartiments fleuraient bon le terroir !... Quant à l'ambiance, imaginons un peu ! Ces bons paysans complètement émoustillés par le fait de monter à Paris, s'en donnaient à cœur joie ! Certains ne parlaient que patois, peu importe... ça f'ra ben quand même !

— Qu'est-ce te fais donc ? demanda l'un d'eux à son copain Fernand qui cherchait quelque chose à quatre pattes.

— “Z'é perdu l' busson d' mon bidon” (J'ai perdu le bouchon de mon bidon) !

Ils éclatèrent de rire. Ah ! Le brave Fernand bien gentil, quoi !

Ils arrivèrent au salon ; les animations battaient leur plein. Chacun put, à loisir, apprécier les belles bêtes exposées, les produits, etc. Les soirs, tout était prévu, le restaurant, le théâtre, et même... certains cabarets !... La visite de Paris en car combla nos ruraux. Ils en prenaient plein les mirettes, dis donc ! Vraiment heureux, ils revinrent dans leur campagne.

— Alors père, demanda le fils de Fernand, t'es t'y content ?

— Oh ! Pour sûr que z'suis content, tiens !

— Qu'est-ce que t'as vu là-bas à Paris, insista le garçon, raconte-nous.

— Z'ai vu "engoguer" (gaver) oie, répliqua Fernand !

Si Henri IV pensait que Paris valait bien une messe, Fernand avait le droit de penser qu'une oie valait bien Paris !...

!!!!!

Il faisait nuit en ce mois de novembre où les journées sont si courtes. Une grand-mère revenait de ses commissions et se dirigeait en direction de sa ferme. Chemin faisant, elle entendit à quelques dizaines de mètres derrière elle, un bruit de pas... Quelqu'un apparemment semblait la suivre. Elle passa par un petit bois de sapins ; l'obscurité n'en fut que plus intense. Les pas se rapprochaient et devenaient plus pressants. Notre brave femme, pas farouche pour deux sous, s'arrêta, et se tournant en direction de l'intrus déclara :

— T' m'as t'y bien regardée ? Vousse trompez pas ?

Elle avait vu juste, car certainement surpris, ou... l'individu prit la poudre d'escampette !...

!!!!!

32

« Rat »... le pied !

— *Veny (venez) don' à mon secours*, cria la pauvre vieille femme en frappant de ses deux poings à la porte de son voisin endormi !

Réveillé par ce tapage nocturne inhabituel, le jeune Henri ouvrit ses volets et demanda des explications :

— Que diable qui vous arrive donc, mère Lapeur ? En voilà un raffut !

— "Vin" (viens) don' vite, "vin" don' vite mon bon Henri ! Hou la la ! C'est que mon homme...

La brave grand-mère, sourde comme un pot éclata en sanglots et termina sa phrase en hoquetant :

— C'est que mon homme, il est mort !

— Quoi ! Le Gustave ? Mort ? Mais qu'est-ce que vous me dites là ? Mais je savais pas qu'il était malade, moi !

— Hein ? Qu'est-ce que tu dis ? J' suis dure de la feuille, t' sais ben ! Parle plus fort p'tiot.

— Je disais, cria Henri en articulant chaque syllabe, que je ne savais pas qu'il était malade.

— Eh ben ! C'est que moi non plus ! répondit la Philomène bien attristée, forcément.

— Je descends tout de suite, attendez-moi !

Henri enfila rapidement un pantalon, une chemise et le voilà debout, pieds nus, face à sa vieille voisine en pleurs.

— Oh ben, ça alors ! J'en crois pas mes yeux ! Mais enfin, de quoi donc qu'il est mort ?

— Plaît-il ? fit la grand-mère en tirant le lobe d'une oreille en avant.

— De quoi il est mort ? hurla le voisin en se penchant dans sa direction.

— Bouhouhou ! J'y sais pas ! pleurnichait la mamie ! J'y sais pas ! Tout ce que je sais, c'est qu'il est bel et bien mort ! Ça, j'en suis sûre ! J' me suis réveillée, et je l'a vu, comme que je te vois, tout raide !

— Ouais, ouais, sauf que moi, j' suis pas tout raide, enfin pas partout... surtout en ce moment ! murmura le jeune homme réputé d'un naturel drôle et quelque peu moqueur !

Sans prendre le temps de se chausser, voilà notre Henri accompagnant la Philomène chez elle, bras dessus, bras dessous. La pleine lune guidait leurs pas.

Il faut dire que les deux maisons étaient mitoyennes et que le jeune homme avait la fâcheuse manie de marcher pieds nus.

— Allons bon, pensa-t-il, il faut bien que ça me tombe dessus ! C'est que... les morts, c'est pas mon truc ! Je peux pourtant pas la laisser toute seule, la pauvre vieille ! Mais, j'ai pas de pot quand même !

— Te m'aideras ben à l'habiller mon Gustave, hein p'tiot ?

— Ah ! Ouais, ouais ! fit-il d'un ton qui se voulait rassurant !

Dans son for intérieur... ben voyons ! Ça m'arrive tous les jours, tiens ! Jamais habillé un mort de ma vie, moi ! Poulala ! Comment diable que j' vais m'y prendre ?

Et voilà notre brave mémé entrouvrant la porte de la chambre...

— Oh ! Putain ! Que j'y crains c't affaire ! maugréa Henri.

— Qu'est-ce dont que tu dis p'tiot ? interrogea Philomène en tendant l'oreille aux commentaires du jeune homme.

— Rien, rien ! Vous inquiétez pas, va ! Ça va aller, soyez tranquille !

— Oh ! Pour sûr qu' j' suis tranquille avec toi ! C'est que j'en ai d' la chance d'avoir un bon voisin ! Mon Dieu ! Que diable j'aurais fait si t'avais pas été là ?

— Ouais ! Ben ça m'arrangerait de pas être là, moi ! soliloquait Henri... pas rassuré du tout ! Mais alors ! Pas du tout !...

Au fur et à mesure qu'il pénétrait dans cette antre, façon caverne d'Ali Baba, Henri se voyait confronté à des immondices de toutes sortes jonchant le sol dont il était bien malaisé de dire s'il s'agissait d'un plancher, de tomettes ou autre ! Dans la chambre une odeur de moisissure lui souleva le cœur.

— Pouh ! Quel gourbi là dedans, putain !

Il ouvrit les volets et un pâle rai de lumière se figea sur le visage exsangue du défunt. Ohlala ! Cette trouille ! Pouh ! Il alluma une lampe à huile qui filait une fumée noirâtre, la déposa sur la table de nuit, puis s'approcha lentement du lit où gisait le malheureux, la peur au ventre, mais n'en laissa rien paraître !

Philomène s'activait à pas menus fourrageant dans les grandes armoires en bois.

— Qu'est-ce que vous cherchez don' mère Lapeur à la fin ? demanda Henri agacé.

— Je cherche le beau complet de mon pauvre Gaston, c'lui qui portait le jour de nos noces, répliqua Philomène. Je pouvais pas deviner qu'il en aurait besoin aujourd'hui moi, hier encore, il était « fin dru » !

— Eh ben ! Pourvu qu'il tienne dedans... parce que le mariage doit pas remonter à hier !

— Tè ! Tè ! ! Le v'là, lança la brave vieille en brandissant un espèce d'ensemble chiffonné laissant planer une forte odeur de naphtaline.

Henri, la gorge nouée et tout tremblant s'approcha et s'apprêtait à soulever le corps du Gustave... Lorsque tout à coup :

— Aïe aïe aïe ! Nom de Dieu de nom de Dieu ! Aïe ! Ouille ouille ouille ! Oh ! Saloperie de saloperie ! Notre gentil voisin se mit à hurler comme un fou, plaquant sur-le-champ, le Gustave, la Philomène et le costume et fonça vers la porte en criant et en sautant comme un cabri !

— Mais qu'est-ce que c'est que ça ? hurla-t-il.

— Quoi donc ? Quoi donc ? Qu'est-ce qui t'arrive p'tiot ? demanda la vieille femme éplorée.

— Mais c' qui m'a chopé l' pied pardi ! rageait Henri.

— Qu'est-ce que tu dis ? Cause donc plus fort, j'entends mal...

— Aïe Aïe Aïe ! Mon pied... Là !

— Ah ! J'avais pas pensé de te dire mon p'tit ! Avec le Gustave, mon défunt mari, Bouhouhou... bouhouhou... En reniflant inélégamment, elle ajouta : y avait des gros rats qui nous empêchaient de dormir la nuit, tellement qu' ça faisait du bruit... pense donc ! Ça couinait... Ça couinait ! Vas-y donc que j' te couine... surtout au moment des amours... alors, qu'on a mis des gros pièges un peu partout dans la chambre...

Henri sortit, en vociférant, le pied pris dans l'étau qui lui broyait les os !

Quel spectacle mon Dieu ! La pauvre vieille pleurait son Gustave et Henri courait comme un fou dans tous les sens, le pied atrocement coincé dans ce satané piège !

— Aïe aïe aïe ! Houuuuu !

Il hurlait et eut bien du mal à ôter la mâchoire d'acier qui emprisonnait ses orteils bleuis !

— Ben, t' vois mon p'tiot, la prochaine fois y faudra pas v'nir pieds nus ! C'est pas prudent !

— Prochaine fois ! Prochaine fois ! J' t'en foutrai moi d' prochaine fois, tiens ! Aïe aïe ouille ouyouillouille !

— Qu'est-ce tu dis ?...

— Grrrr !

Ayant réussi à se libérer, Henri décida, bon gré mal gré, de revenir dans la chambre en boitillant et aida la pauvre vieille qui pleurait ben tout son soûl !

Mais un fou-rire mémorable le cloua sur place, et il dut se dominer pour que la malheureuse qui cherchait toujours, au milieu des guenilles, le chapelet à gros grains noirs ne s'aperçoive de rien...*

!!!!!

* Moralité : Dans la vie, il faut toujours savoir où nous mettons les pieds !

33

Pain bénit !

Le petit Antonin se tenait assis, recroquevillé sur les marches de l'église paroissiale, les mains dans les poches, la casquette enfoncée sur ses oreilles rougies par le vent froid de l'hiver qui le transperçait jusqu'aux os. La faim tenaillait son estomac désespérément vide.

Il faut dire qu'à cette époque, début du XIXe siècle, la misère habitait plus d'un pauvre hère ! Le gosse avec ses compagnons d'infortune se retrouvait régulièrement près de l'église. Alors, bien évidemment, le système « débrouille » faisait partie de leur lot quotidien. C'était au plus malin à dégoter, ici, un petit boulot contre un quignon de pain ; là, un chapardage de fruits ou de légumes...

Pour certains, la saison de la pêche à la ligne agrémentait l'ordinaire, car ces gavroches ruraux vendaient leurs produits en faisant du porte-à-porte. Les champignons également, fort prisés par les riches citadins, les pissenlits, tout ce que Dame Nature dans sa généreuse bienveillance daignait offrir, devenait une véritable manne pour les délaissés de la société.

Si bon nombre d'entre eux se retrouvaient orphelins, Antonin, lui, était fils de fille mère. Dans ces temps-là, cela signifiait que, du jour de votre naissance, une étiquette vous collait à la peau comme un second patronyme !

Les orphelins bénéficiaient quelquefois d'un peu plus d'égard, mais les enfants du péché, alors là ! Pas de cadeau !

Maria, sa mère, la pauvrette le couvrait de tout son amour, ce qui ne lui emplissait pas l'estomac, mais lui réchauffait son petit cœur bien meurtri. Elle le prenait longuement sur ses genoux et le choyait, le dorlotait en caressant sa tignasse rousse. Il levait alors vers elle son regard plein de confiance et se blottissait contre sa poitrine. Merveilleux moments de complicité envers et contre tous, faisant un pied de nez à cette société qui les excluait.

Or, un soir, Antonin dit à sa mère :

— J'ai très faim tu sais, et mes copains sont plus dégourdis que moi... j'arrive toujours trop tard... tous les boulots sont pris... j'ai pas d' chance moi !

— Écoute mon petit, répondit Maria. Quand sur cette terre tu n'as plus aucune solution, que tu as essayé de t'en sortir par tes propres moyens mais que tu as l'impression de ne jamais voir le bout du tunnel, il te reste encore un espoir...

— Ah ! Oui, et lequel ? questionna le gosse en plongeant ses yeux interrogateurs dans la tendresse infinie de sa mère impuissante.

— La Sainte Vierge, mon fils, la Sainte Vierge ! C'est une maman elle aussi, et tu sais elle a souffert bien plus que nous toutes ici bas. Elle peut tout comprendre. Si tu lui demandes de l'aide, elle exaucera ta prière.

— C'est vrai ça ? demanda le gamin perplexe.

— Essaie toujours, tu verras bien, conclut-elle en passant la main dans ses cheveux.

Dans ce même village, habitait une famille très riche. Les parents du jeune Gabriel, notables mais d'une grande humanité, éduquaient leur fils unique dans le respect de Dieu et d'autrui.

Régulièrement, ils se rendaient tous trois à la messe, s'installant dans les places réservées à leur honorable famille depuis plusieurs générations. La petite plaque en cuivre sur le dossier du prie-Dieu recouvert de velours bordeaux, portait le nom de : Lafertet.

Évidemment, la misère de ces gosses n'échappait pas au regard de madame Lafertet, lorsqu'elle gravissait les marches d'escalier de la vieille église romane. Un jour, agenouillée devant l'autel de la Vierge, elle sentit un profond mal-être envahir son âme.

— Je me dois, pensa-t-elle, en tant que bonne chrétienne, de donner le bon exemple. Gabriel est heureux, mais ces petits... nous avons les moyens de soulager quelques souffrances...

Madame Lafertet pria longuement puis retourna dans sa somptueuse maison. Ce soir-là, avec une immense délicatesse, elle instruisit son fils :

— Vois-tu, lui dit-elle, le Bon Dieu nous dit qu'il est en chacun de nous, et que si un enfant a faim, eh bien c'est Lui-même qui souffre !

— !... Tu penses qu'il a faim, le petit Jésus ?

— C'est bien possible mon chéri, susurra-t-elle.

— Tu crois qu'il serait content maman, le petit Jésus, si je lui portais à manger ? demanda-t-il d'une voix émue.

— Oh ! oui, j'en suis certaine, répliqua la gentille dame en le cajolant.

— Demain je lui porterai la moitié de mon « quatre heures », conclut Gabriel en affichant un large sourire.

Chose promise, chose due ! Voilà notre petit nanti gravissant les escaliers de l'église quatre à quatre, heureux comme un roi de déposer à l'intention du petit Jésus, un bon casse-croûte. Il s'arrêta, réfléchit :

— Où mettre le précieux cadeau ? Sur une chaise ? Non ! Près du bénitier ? Non plus !

Et tout à coup, une idée !... L'autel de la Sainte Vierge ! Voilà ! Ainsi, pensa-t-il, le petit Jésus le trouvera forcément ! Et si jamais il ne le voyait pas, sa maman lui montrera !

Gabriel déposa donc son trésor aux pieds de Marie, mais en prenant soin de le cacher un peu ! Pas question que n'importe quel galopin pouilleux vienne lui voler son présent ! Puis il sortit, non sans avoir promis à la Sainte Mère de Dieu qu'il reviendrait le lendemain. Si le petit Jésus avait trop faim et qu'il ait tout mangé... juré ! Il en rapporterait.

Quant à Antonin, la froidure et son estomac qui criait famine eurent raison de son incrédulité. Lentement, il poussa la lourde porte de l'église, hasarda quelques pas discrètement et se cacha derrière un gros pilier. À peine osait-il respirer ! Si par malheur monsieur le curé le surprenait !... Mais il n'y avait personne, alors suivant les conseils de sa mère, il s'approcha du chœur.

— Tu parles ! pensa-t-il, en essuyant d'un revers de manche la morve qui dégoulinait de son nez, j' peux toujours demander d' l'aide, tiens ! Qu'est-ce qu'il en a à foutre lui là-haut sur sa croix ! D'abord, j'y crois pas alors !

Comme tout gamin, il fureta à droite et à gauche, ici et là, souhaitant de tout son être dénicher un petit sou échappé d'une poche, jusqu'à ce que...

— Oh ! M... C'est pas possible, cria-t-il !

Au pied de la statue de la Vierge, une énorme tranche de pain frais paraissait l'attendre ! Il n'en crut pas ses yeux et resta éberlué quelques instants mais son estomac lança un S.O.S. péremptoire ! Alors Antonin avala ce délicieux casse-croûte et fila sans demander son reste !

Le lendemain, Gabriel revint aux nouvelles ! Incroyable ! Le pain avait disparu ! En effet, le petit Jésus souffrait de la faim ! Mais peut-être n'était-ce pas assez copieux ? Qu'à cela ne tienne ! Il ramena un plus gros morceau de pain agrémenté de lard et s'agenouilla en priant :

— Je vous demande bien pardon petit Jésus, mais je ne savais pas que vous aviez aussi faim ! Heureusement que maman m'a tout expliqué !

Antonin gardait secrètement l'histoire de cette trouvaille dans son cœur, et recommença le cérémonial de la veille, en se dirigeant directement vers l'Autel de la Vierge où il trouva de nouveau le merveilleux repas. Un instant il douta :

— Et s'il était empoisonné ? Si c'était un piège ? On le jetterait en prison pôv' ch'tit miséreux qu'il est !

Mais l'odeur alléchante attisa sa gourmandise. Il dégusta sans trop chercher à comprendre ce qui lui arrivait, faisant fi de ses extrapolations !

Pendant une semaine, le « miracle » se reproduisit.

Quelque temps plus tard...

— Tu sais maman, hasarda Gabriel, le petit Jésus avait très très faim ! Tous les jours il mange ce que je lui amène !

Madame Lafertet encouragea son fils à persister dans sa démarche qui, visiblement, satisfaisait les deux protagonistes de cette aventure !

Antonin confia également à sa mère ce prodige quotidien quasi miraculeux.

Sans aucun doute, Maria se cacha-t-elle pour connaître cette main charitable qui déposait un trésor aux pieds de Marie !...

Sans aucun doute, madame Lafertet se cacha-t-elle pour connaître cette main miséreuse qui bénéficiait du trésor déposé aux pieds de Marie !...

Jusqu'au jour où, le bon sens détrônant l'innocence, les deux garçons comprirent...

...que la providence de Dieu passe aussi par les hommes !*

!!!!!

---

* **Note de l'auteur : Cette histoire (dont l'action se situait dans le Jura) aussi invraisemblable qu'elle puisse paraître aujourd'hui, est néanmoins véridique. Et si elle ne fait pas partie des plus hilarantes, elle méritait bien, de par sa majesté, de réchauffer un brin nos âmes informatisées !**

34

Sacré curé !

Le curé Gropaul défrayait la chronique dans cette petite paroisse d'à peine mille âmes. Il faut dire que, comme original, il n'avait pas son semblable !

D'abord, il vivait dans sa cure qui ressemblait plus à une écurie qu'à une habitation ! Dans la cuisine, chats, chiens et poules cohabitaient en parfaite harmonie ! Les volailles grimpaient volontiers sur la table, picorant les miettes et par là même, déposaient quelques belles fientes bien puantes que notre brave curé qui ne voyait pas la « moitié de son soûl » malgré ses lunettes aux verres épais comme des culs de bouteille, accrochait aux manches de sa soutane !

Ah ! La soutane ! Parlons-en tiens ! Le ventre proéminent du père Gropaul frottait contre la table de la cuisine, contre le poêle à bois, et chaque fois la soutane se maculait un peu plus ! Enfin, bref, elle n'était même pas sale ! Non ! Elle était dégoûtante ! Crasseuse comme il n'est pas pensable ! Ses gros doigts bien boudinés croisés sur son gros bedon, le curé affichait une mine joviale ! Il aimait rire et ne ratait jamais une occasion de faire le pitre en digne successeur pléthorique de feu son oncle.

Mais mon Dieu ! Qu'il était donc sale ! Ohlala ! Et l'odeur ! Y avait pas à dire, c'était une figure locale ! Comble du comble, il ne crachait pas sur la dive bouteille et jurait comme un charretier ! Quand ses bonnes joues bien joufflues s'empourpraient, il n'était pas rare de l'entendre prononcer le nom du divin créateur en des termes qui n'avaient pas vraiment de tournure épiscopale !

Mais ce sacré vieux bougre, s'il déplaisait souverainement aux âmes un peu coincées, attirait toute une kyrielle de copains, croyants ou athées, jeunes ou âgés, de droite ou de gauche, jusqu'au plus communiste du bourg, le Pierre Guerava. Ah ! Fallait les entendre tous les deux quand le petit vin chauffait trop leur tête !

Un jour, le curé Gropaul paria avec son pote coco, qu'il le ferait rentrer dans son église !

— Jamais ! Jamais t'entends curé ! Jamais tu me verras dans ton église ! Ah ! J'aimerais mieux crever !

Et effectivement, c'est ce qui se passa quelque temps plus tard. Le Pierre, victime de ses excès rendit son âme au diable ! Notre brave curé s'en vint auprès de la veuve, et la réconforta :

— J' sais bien que ce n'était pas ses idées, mais quand même, on peut pas l'enterrer comme un chien votre mari ! dit le père.

Finalement, madame Guerava acquiesça, et en grande pompe, le cercueil du plus rouge de tous les paroissiens entra dans l'église.

Arrosa-t-il le décès de son compagnon ou noya-t-il son chagrin ? Personne ne le sut jamais, mais la cérémonie des funérailles prit une tournure pour le moins inattendue !

Alors qu'il se préparait à bénir le corps, voici notre curé qui, à grand renfort de gestes s'adressa à Pierre : Eh bien ! Vieille charogne ! J't'ai eu hein ? T'es bel et bien rentré dans mon église ! Bien fait pour ta gueule !

Il tournait et retournait autour du cercueil, agitant le goupillon dans tous les sens et riant aux éclats en s'adressant aux fidèles !

— Ça lui f'ra les pieds au communiste de Guerava ! Alors, elle est pas belle mon église ? Tiens, un coup d'eau bénite ! T'en auras besoin ! Et puis tiens-en encore, et puis encore !... Et il aspergeait à grands coups de goupillon en déblatérant un peu tout et surtout n'importe quoi !

— Te voulais pas venir à la messe ! Tiens donc, t'y es et qu'est-ce que t'en penses, hein ? C'est ben la première fois que tu vois le bon Dieu de si près !

Et il bénissait à droite et à gauche... face aux fidèles à la mine de circonstance, ne sachant pas trop s'ils devaient en sourire ou s'indigner, tout heureux d'avoir grugé *post mortem* son copain... le coco !

***

T*oujours notre curé Gropaul* qui décidément ne ratait pas une occasion de faire l'idiot !

Cette fois c'était le jour du mariage de la belle Lucie, une jolie jeune fille du village que notre vieil original de prêtre connaissait fort bien. En effet, il l'avait baptisée, lui avait enseigné le catéchisme, préparée à sa communion, sa « renouvellation », et tout heureux s'apprêtait à célébrer son mariage. Il faut dire que le curé Gropaul, malgré ses coups de « Trafalgar », était très estimé par ses ouailles en général. Très généreux, jovial, et sans aucun *a priori*, il s'était tissé autour de lui, une toile d'amis sincères. Lucie en faisait partie. Aussi, notre vieux curé tenait à célébrer ses noces le plus solennellement possible, et pour ce faire... il se rendit au bistrot ! Juste histoire de boire un petit canon... ou deux...

ou trois... enfin, se donner un peu de nerf, quoi ! Pas de sa faute tout de même si, dans les bars, y a toujours des « trainiaux », prêts à trinquer !

Lorsque les trois coups sonnèrent au clocher, le père Gropaul sauta d'un bond hors de sa chaise :

— Ohlala ! Faut vite que j'y aille, cria-t-il en retroussant la soutane, laissant entrevoir au-dessus des chaussettes en laine noire trouées aux talons, ses gros mollets poilus sillonnés de varices bleuâtres. Je suis en retard ! Et le voilà parti en courant, sa grosse bedaine ballottante, ses chaussettes dégringolant sur les chevilles... et ses chaussures boueuses ! Ben que voulez-vous, la cour de la cure où pataugeaient poules, canards, oies et j'en passe se transformait par temps de pluie en “pitrouille” (terme local signifiant bourbier) infâme.

Quelle allure ! Il s'engouffra tout essoufflé dans l'église, tenant toujours la soutane de ses deux mains et se trouva nez à nez avec la maman du futur époux qui, inquiète de l'absence du prêtre, se dirigeait dans l'allée centrale en direction de la sortie. Une femme superbe ! Pulpeuse ! Outrageusement fardée ! Elle arborait pour la circonstance une toilette absolument magnifique, au décolleté provocateur ! Sa tête recouverte d'une grande capeline avec voilette assortie à la robe, des bijoux qui brillaient de tout leur éclat...

Le curé Gropaul resta figé, la soutane dégoûtante remontée, les yeux exorbités, lorgnant par-dessus les bésicles et tout à coup, devant la foule réunie autour de la jeune mariée, tous les regards fixés sur lui, il lança un magistral :

— Oh ! Nom de Dieu ! La belle-mère ! Si j'avais su, j' serais v'nu plus tôt !

Face à ce spectacle aussi cocasse qu'inespéré, tout le monde éclata de rire !

***

M*ais non, je ne les invente nullement,* toutes les péripéties de ce brave curé ! Elles m'ont été rapportées telles quelles ! Avouez tout de même qu'il y a des paroisses où les fidèles s'amusaient plus qu'à d'autres !

Cette fois, le père Gropaul venait de s'acheter la plus belle des voitures que la terre n'avait jamais connue ! Il faut dire qu'en ces années 1955 environ, la 2CV régnait en déesse dans la gent prolétarienne ! N'affirmaient-ils pas, les constructeurs de cette petite merveille, qu'une 2CV pouvait contenir, le couple de paysans, un cochon, un sac de blé de cinquante kilos et un panier d'œufs sans qu'aucun ne se casse ?!...

Donc notre curé, toujours aussi énorme, déambulait dans sa campagne avec sa deudeuche ! Les gosses du village se donnaient rendez-vous pour guetter, tapis derrière le mur de l'église envahi de lierre, leur curé s'asseoir dans la voiture. Parce que ces premières 2CV-là, avaient une particularité : les portières s'ouvraient non pas comme ce fut le cas ensuite, mais par le devant.

Et quel spectacle, n'est-ce pas, que de lorgner, alors qu'il s'affalait sur le siège, et que, eh bien, que l' Bon Dieu me pardonne, il écartait ses jambes et fatalement laissait entrevoir la partie secrète de son anatomie ! Tellement intrigués par le fait de deviner si tel ou tel jour, le père Gropaul portait ou non un slip, les chenapans engageaient des paris et passaient le plus clair de leur temps à jouer les sentinelles ! Et plouf ! Il s'asseyait, la voiture penchait et hop voilà le brave curé qui démarrait tout fier, fond de train les grelots ! Teuf teuf teuf ! J' vous ai dit « Roulez pas sautez » !

Aux alentours, vivait dans son château une comtesse, très digne, très distinguée, très vieille France, mais très obèse aussi ! La bienséance de son langage de bourgeoise déchue amusait les péquenots du coin qui l'imitaient en pinçant leurs lèvres en « cul de poule ».

— Oh, voyez-vous, très cher, mimaient-ils en ajoutant une gestuelle gracieuse, je m'ennuie à mourir dans mon château ! Alors il me plaît de participer à des œuvres de bienfaisance, du patronage et d'assister aux saints offices !

Le curé Gropaul n'osait trop ironiser ! Évitons de cracher dans la soupe, n'est-ce pas ? Mais ses allures maniérées lui tapaient sur les nerfs ! Ce brave vieux curé issu du milieu rural et malin comme un singe cherchait la faille : un jour, pensait-il, je trouverai bien un moyen de la ridiculiser en public !

Et voici qu'un dimanche, madame la comtesse, le petit doigt en l'air... sortait de la messe. Un orage violent grondait. Le ciel s'obscurcissait rapidement. Les nuages noirs s'amoncelaient, le vent soufflait en tourbillons et notre grande dame avait toutes les peines du monde à tenir d'une main la capeline qui cherchait à s'envoler et de l'autre la robe :

— Hou ! Mon Dieu ! Quel sale temps ! maugréait-elle en affichant un air des plus désolés. Comment vais-je rentrer chez moi ?

— Eh bien, madame la comtesse, si vous me permettez, proposa le père Gropaul, je peux vous reconduire.

— Oh ! Vraiment, je vous en serais infiniment reconnaissante ! Vous êtes bien bon !

Les ouailles réunies sur le parvis discutaient, qui des récoltes à venir, qui de la santé de la mère Machinchouette...

Voilà le père Gropaul au volant de sa célébrissime deudeuche qui, vu son état, avait vraisemblablement servi de perchoir à ses chers volatiles, arrivant au pied des marches de l'escalier de l'église. Très solennellement, il prit la main de la comtesse, s'inclina en une large révérence et la pria avec tous les honneurs dus à son rang... de bien vouloir se donner la peine...

Mais, cette sacrée 2CV n'était guère commode pour les personnes corpulentes. Il en savait quelque chose lui, le brave curé qui s'en voyait de toutes les couleurs pour s'installer ! Les gamins comprirent bien rapidement que s'ils voulaient se rincer l'œil, c'était maintenant ou jamais... C'est que le... d'une comtesse c'est pas tous les jours qu'on peut le voir !

Les gens cessèrent leur discussion et tous les regards se tournèrent en direction du prêtre qui, d'un air entendu se confondait en :

— Je vous en prie madame la comtesse, après vous !

Évidemment, l'installation fut beaucoup moins solennelle ! Il dut l'aider à entrer son énorme postérieur, très embarrassé visiblement car ne sachant où placer ses mains... consacrées ! Avec force mimiques, il essaya une fois, puis l'aida à ressortir car... ça ne tenait pas tout !... de nouveau avec précaution, tirant, poussant, le sacré curé se contorsionnait, avant de lancer un magistral, afin d'être bien entendu par tous :

— Oh ! Madame la comtesse ! Que vous êtes donc grosse !

La foule, hilare, éclata de rire devant ce spectacle, certains s'enhardirent à applaudir, et le curé faisant le tour de la deudeuche se frottait les mains de plaisir ! Il monta lui aussi avec le cérémonial habituel, le nez de la pauvre bagnole touchait le sol, et les voilà partis ! Il crut bon d'agrémenter cette petite fantaisie d'un joyeux coup de klaxon, et sautant, crachant, la deudeuche ramena madame la comtesse, vexée, humiliée, mais sèche dans la cour du château qui n'était faste que dans son imagination !

***

U*ne fois l'an, la coutume voulait que l'évêque* du diocèse invite les curés des paroisses à dîner. Cette année-là, Monseigneur Claude Martin souhaitait recevoir ses subordonnés le plus élégamment possible et pour ce faire, le personnel mit les petits plats dans les grands. Le repas se devait d'être copieux et, ce qui ne gâche jamais rien, plutôt bien arrosé.

Tout se déroulait au mieux : ambiance chaleureuse, discussions des plus intéressantes, mais le curé Gropaul (encore lui !) s'ennuyait à mourir ! Il avait envie de rigoler lui !

— Poulala ! Pas facile à détendre une atmosphère épiscopale ! pensa-t-il.

Il essayait bien de lancer quelques blagues, mais le sérieux s'imposait, tout juste quelques rictus forcés coupaient-ils l'austérité des faciès guindés !

Les mets défilaient, et comme à cette époque, il était de bon augure de présenter la volaille ou le rôti entier sur table avant de le découper, deux cuisinières amenèrent un joli cochon de lait magnifiquement grillé sur un plateau d'argent. Elles le placèrent devant les nombreux convives qui se réjouirent et les félicitèrent.

C'est alors que le curé Gropaul prit la parole :

— Quel beau cochon, monseigneur ! Moi aussi, j'ai une cochonne à la cure, et savez-vous comment je l'ai appelée ? Vous ne devinerez jamais !

— Ma foi, non, je ne sais pas ! D'ailleurs je ne pensais pas que l'on donnait un nom à un cochon ! répliqua l'évêque Claude Martin, un peu agacé il faut bien le dire, et un tantinet dédaigneux !

— Eh bien ! Je l'ai nommée Claudine, en votre honneur ! Chaque fois que je l'appelle, je pense fort à vous Monseigneur !

Le père Gropaul ricanait, les yeux malicieux derrière les « culs de bouteille » ! Sa bonne bouille de farceur exultait ! Mais la chute n'eut pas la retombée espérée ! Dans ces temps-là, on ne badinait pas avec la hiérarchie cléricale et si quelques rires discrets fusèrent, l'évêque profondément choqué désapprouva notre bon vieux curé en le tançant vertement... ce qui, rassurez-vous, ne le troubla ni ne le déstabilisa, et ne lui coupa nullement l'appétit...

***

Enterrement ! Journée triste logiquement ! Mais avec le curé Gropaul ! Allez donc savoir quelle idée abracadabrante il inventerait encore !

Ce jour-là, il se rendit dans une paroisse de montagne avoisinante afin de pallier l'absence du prêtre. Et le voilà, au volant de son éternelle 2CV tournant sur la place du village. Un petit bourg d'une centaine d'âmes, toutes plus âgées les unes que les autres.

Les gens qui connaissaient de renommée le père Gropaul, se demandaient bien quel tour de con il pourrait mijoter ! Déjà, il était ponctuel ! Bien ! Tout avait l'air « religieusement correct » ! C'est alors qu'ils le virent s'agiter, les bras levés au ciel en appelant de l'aide.

— Allons bon ! Que diable y a-t-il ?

— Venez vite ! criait le père Gropaul. Venez vite !

Les paroissiens s'approchèrent, inquiets !

— Ben ! Faut aller chercher le corps ! Je peux pas enterrer un mort qui est pas là ! répliqua-t-il avec un aplomb quasi comique.

— Mais où est le corps ? demanda l'un d'eux !

— Ben, chez lui ! Où voulez-vous qu'il soit ? Il s'est pas sauvé tout seul ! répondit le vieux curé.

— Mais, les pompes funèbres ne s'en chargent pas ? questionna un homme.

— Quelles pompes ? Y a pas d' pompes, ni funèbres ni pas funèbres !

— Est-ce que quelqu'un par ici a une voiture ? interrogea le curé. Parce que dans ma 2CV, ça tiendra pas !

Mais dans cette bourgade de montagne, à l'époque des faits, très peu de personnes possédaient une automobile.

— Y a ben la voiture de ma fille dans la grange, dit une vieille femme, mais personne pour la conduire.

— C'est pas grave, répondit le père Gropaul, je m'en charge.

Il démonta le siège arrière de la voiture, et en avant toute ! Le voilà parti, tout schuss, en direction de la maison du défunt située dans la vallée.

Arrivé sur les lieux, il ouvrit la porte arrière et, aidé de deux parents de son « feu client », déposa le cercueil dans le coffre.

— Allez, on y va vite, dit-il, on va être en retard.

Le cortège funèbre s'ébranla, le père Gropaul au volant, la porte arrière du coffre relevée, et la famille marchant à la suite.

Un problématique dénivelé s'imposait pour rejoindre l'église. La famille activait le pas, mais la voiture les devançait malgré tout de quelques dizaines de mètres. Et plus ça montait, plus le cercueil glissait, glissait, glissait... lentement mais sûrement, jusqu'à ce que... patatrac ! Il débaroula ! Mais croyez-vous que ce sacré curé à demi-borgne et étourdi s'en aperçut ? Pas du tout !

Il continua sa route, arriva sur la place et, l'air hébété, demanda :

— Mais où sont-ils ?

— De qui parlez-vous, Père ? demanda une paroissienne.

— Ben ! Du mort et de sa famille parbleu !... Ah ! Nom de Dieu ! J' l'ai perdu en route ! s'exclama-t-il en se tapant sur la bedaine ! Attendez-moi, je retourne le chercher !

Ce qu'il fit dans les plus brefs délais ! La famille docilement priait autour du défunt lamentablement échoué sur le macadam ! Le père Gropaul descendit de voiture, aidé par deux hommes remit le cercueil dans le coffre, le cala précautionneusement à l'aide de cailloux ramassés sur le talus, mesura les risques de nouvelles glissades... un petit caillou supplémentaire ici, et là... ça devrait tenir ce coup-là ! Et les voilà repartis !

Après toutes ces péripéties, l'office se déroula normalement. Ouf !*

!!!!!

* Note de l'auteur : Je n'ai relaté ici que quelques fredaines du père Gropaul parmi un panel richissime en anecdotes toutes plus extravagantes les unes que les autres ! Ce curé pas comme les autres a marqué son temps d'un souvenir indélébile, et de mémoire, dans ce petit village on relate encore aujourd'hui les blagues du regretté père Gropaul !

35

Ressuscité !

Deux *fermes comme tant d'autres*, celle des Ambois et, distante de quelque trois cents mètres environ, celle des Labouré ! Ni amies ni ennemies ! Disons plutôt un bon rapport de voisinage qu'envers et contre tous ces paysans-là entendaient bien préserver.

Comme toujours, la convivialité se voulait respectée et, ensemble, ils trimaient, se rendant les journées de battage, de vendanges et autres travaux des champs.

Les femmes quant à elles, cheminaient sur les sentiers bordés de murets en pierres sèches pour se rendre à la messe dominicale, au marché où elles vendaient leurs produits. C'étaient des moments sympathiques d'échange et de complicité féminine ! Histoire de parler de choses et d'autres, quoi !

Or, un jour le père Labouré qui bêchait son jardin, héla son épouse d'une voix empreinte de stupéfaction :

— Léontine ! Léontine ! Amène-toi vite ! Viens voir ! Oh ! Cré bonsang de bazar !

Sa femme venait tout juste de tuer une vieille groasse (poule) qui ne pondait plus. Occupée à la plumer, elle grogna, prétextant ne pouvoir abandonner sa tâche. L'eau de la lessiveuse fumait et Léontine, les manches retroussées, ébouillantait la volaille, arrachait par poignée les plumes toutes chaudes qui lui collaient aux doigts. D'un geste sec, elle les laissait choir dans la grande bassine et une odeur âcre s'exhalait du cabanon situé au bout de la cour.

— Oh ! Sacrée charogne, hurlait le Pierre qui, délaissant sa bêche, accourait en levant les bras au ciel ! Saloperie de clébard, va ! C'est-t'y possible... Léontine ! Viens j' te dis ! Viens vite !

Agacée, sa femme sortit, les mains trempées où s'accrochaient encore quelques duvets mouillés qu'elle essuyait dans un coin de son tablier relevé sur un côté.

— Qu'est-ce qu'y a donc ? cria-t-elle.

Mais, quelle ne fut pas sa surprise de voir son chien Dick, assis sur son cul, tenant dans sa gueule...

— Mon Dieu ! s'exclama Léontine en courant vers son compagnon à quatre pattes ! Mais qu'est-ce que t'as fait ? Pierre ! Pierre ! Mais c'est...

Dick, le brave chien mi-berger mi-chasseur mais corniaud tout entier avait la très fâcheuse habitude de rôder et, en bon rapporteur, ramenait quelques gibiers capturés ! Alors très fièrement, il restait assis, la queue balayant la cour, les oreilles dressées en attendant les félicitations de ses maîtres !

Seulement, aujourd'hui, en guise de lapin de garenne, il tenait entre ses crocs... un petit chien blanc !

Pierre se précipita, incendiant la pauvre bête de mille sottises. Léontine, pétrifiée, cachait son visage dans ses mains, les yeux exorbités.

— C'est… c'est le ch'tit chien des voisins ! Nom de Diou de nom de Diou ! hurlait le paysan.

— Il… il est… mort ? hasarda Léontine.

— Ah ! Ben ça, pour être mort, il est mort ! répondit son mari en tenant la dépouille de l'animal.

— Fous-moi le camp te coucher, sacrée charogne ! vociféra Pierre en accompagnant l'ordre intimé d'un coup de pied dans le cul de Dick.

— Niou ! gémit le canin. La queue entre les pattes, les oreilles baissées, il disparut.

Léontine s'approcha de son époux.

— Mais qu'est-ce qu'on va faire ? C'est bien le ch'tit chien de race des « Ambois ». Y doit être à leur fils de la ville qu'est parti en vacances, j' crois, dit-elle.

— Eh ben ! On est beau avec ça sur les bras ! Halala ! ajouta Pierre en soupirant. On peut pourtant pas se brouiller avec les voisins pour une histoire de clébard quand même !

— T'as une meilleure idée, toi ? Poouuu !

— Faut voir ! Faut réfléchir !

En effet, le caniche nain gisait, son joli pelage mâchuré de terre et de salive.

Les Labouré réfléchirent. Aucune marque apparente en tout cas ne pouvait signer l'horrible délit. Alors, d'un commun accord, ils décidèrent de maquiller « le crime » en mort naturelle ! Pour ce faire, ils lavèrent le pauvre animal, le séchèrent, puis brossèrent son pelage. Plus aucune trace !

Pierre le plaça dans un sac et le voilà en route en direction de la ferme des Ambois.

Ah ! Il n'était pas fier le gars ! Aussi, avec force précaution, il s'approcha de la cour de ses voisins.

— Pourvu qu'ils ne me voient pas ! songeait-il !

Car son plan passait impérativement par la cour ! Il avait tout simplement décidé, en accord avec Léontine, de déposer le cadavre dans sa niche ! Ainsi... eh ben ! Ni vu, ni connu ! Les voisins trouveraient le petit chien mort de sa bonne mort, et puis c'est tout !

— Quelle histoire pour une bête crevée, vraiment ! Ça vaut ben le coup de s'enquiquiner comme ça, tiens ! soliloquait notre brave bougre.

Le voici arrivé ! Un coup d'œil à droite ! Un coup d'œil à gauche !

— À cette heure-là, ils devraient se trouver dans les champs !

Méfiant, il restait néanmoins sur ses gardes ! Le chien des Ambois se mit à japper.

— Chuuutt ! Tais-toi Mirza ! Tais-toi ! Allons, tu m' reconnais ben, voyons ! Hein ! Allons, tais-toi, tais-toi !

Docilement, Mirza remua sa queue en signe de... bienvenue ! Et se coucha à l'ombre du peuplier.

Personne ne se manifesta. Apparemment, il avait vu juste. Les Ambois étaient au travail.

Vite ! Vite ! Pierre s'engouffra dans la cour qu'il traversa à grandes enjambées, s'assura encore de la quiétude des lieux, et hop ! Déposa délicatement le petit chien au fond de la niche. Tournant les talons, il se sentit soulagé !

— Maintenant, ils peuvent arriver ! Je ne risque plus rien !

Tranquillement, Pierre revint chez lui. Léontine l'attendait, inquiète :

— Alors ? demanda-t-elle.

— Tout va bien ! dit-il en pouffant de rire.

Le lendemain matin, quelle ne fut pas leur surprise de voir arriver le père Ambois. Il affichait une mine défaite, l'air hagard.

— Ouille ouille ouille ! murmura Léontine. Il a dû se rendre compte de quelque chose, c'est pas possible autrement !

— Bien l' bonjour mon voisin ! cria Pierre d'un ton faussement désinvolte. Quel bon vent qui vous amène ? Vous êtes ben matinal !

— Ah ! Si vous saviez c' qui nous arrive à ma femme et à moi ! Si vous saviez !

— Qu'est-ce que donc ? Rien d' grave j'espère ? répliqua Léontine. Vous êtes pas malade au moins ?

— Oh ! Nous non ! Enfin j' crois pas, mais c' qui nous arrive... on n'y comprend rien du tout !

Il s'assit sur les marches d'escalier, souleva la visière de sa casquette et se gratta la tête. Sa Gitane Maïs au coin des lèvres, il contemplait quelques gouttes de rosée rescapées qui glissaient le long des brins d'herbe.

— Ohoh ! C'est qu' ça va pas du tout, père Ambois ! dit Pierre. Léontine ! Va nous chercher un canon !

Les deux hommes trinquèrent.

— Vous allez sûrement nous prendre pour deux fous ! Je m'en vas vous raconter ; mon fils est parti en congés... rapport à son gosse qu'est tout chétif. Faut le changer d'air qu'il a dit le docteur. C'est ben ma foi vrai qu' le p'tiot y profite pas mieux qu'une pierre dans un sabot... et il nous a confié la garde de son chien. Il a bien fallu qu'il tombe malade !

— Qui ? questionna Pierre. Votre fils ?

— Mais non ! Le chien !

— Ah bon ! Vous m'avez fait peur !

— Et alors...

— Ben alors quoi ? insista Pierre.

— Trousky est mort !

— Qui ? Qui don' qui est mort ? Je comprends pas grand chose ! lança Pierre en jetant un regard complice en direction de Léontine.

— Le chien ! Trousky c'était son nom ! Vous savez ben les jeunes d'à présent, ils donnent de ces noms... à coucher dehors avec un billet de logement !

— C'est embêtant ça, bien sûr ! Mais...

— Je l'ai enterré.

— Vous avez fait quoi ? trancha Pierre en fronçant ses sourcils broussailleux et grisonnants.

— Ben ! J' l'ai enterré pardi ! Que voulez-vous que j'en fasse ?

Léontine se taisait, fixant son époux d'un regard perplexe.

— Ouais ouais, j'en suis sûr ! C'est moi qu'ai fait le trou ! J' l'ai enterré que je vous dis ! insista le père Ambois en tournant son verre de vin entre ses mains burinées.

Les Labouré ne pipèrent mot, ne sachant pas vraiment quelle allait être la chute de cette histoire invraisemblable. En pareille circonstance, la méfiance est précieuse et le silence d'or !

— Alors ! Alors ! Vous m' croirez jamais ! Eh ben il est revenu dans sa niche ! Et tout propre par-dessus le marché. C'est ma bourgeoise qui l'a vu la première ! Trousky est ressuscité qu'elle a gueulé ! Vieille folle qu' j' lui ai répondu ! Arrête donc de picoler ! J' te dis qu' le chien est couché dans sa niche ! T'as qu'à venir y voir enfin ! J' me suis approché, eh ben ! c'était vrai, dites donc ! Le chien était couché au fond de sa niche... Ah ! "Craiious ben qu' j'tombau bredin" (Je crois bien que je tombe fou) !

— Vivant ? cria Léontine totalement éberluée.

— Mais non ! Mort !

— Mort ?

— Mort !

Un silence glacial planait malgré la douceur de cette matinée estivale. Les Labouré se turent... Le père Ambois renifla, sortit son briquet à essence de sa poche, ralluma sa cigarette à demi-écrabouillée, puis il se leva, rajusta la ceinture de son pantalon de velours côtelé délavé par les ans, et salua ses voisins :

— J' m'en vas ! dit-il penaud. Au revoir et merci bien de m'avoir écouté !

— De rien ! De rien ! répondit Pierre. À votre service ! Vous gênez pas si vous avez besoin !

Seuls, Léontine et son mari éclatèrent de rire... un rire nerveux et saccadé ! Dick, assis sur son derrière les regardait... Léontine s'approcha de son chien, lui caressa la tête et répliqua :

— Tu pouvais pas nous dire que tu l'avais pas tué, mais seulement déterré !... Ça t'aurait évité de prendre un coup de pied sous la queue, idiot !

!!!!!

36

Cochon qui s'en dédit !

L*a fête foraine battait son plein* ! Tous les jeunes gens s'en donnaient à cœur joie, qui, avec les carabines en essayant de loger les balles au centre de la cible, qui, s'explosant le poing sur un punching-ball sans grimacer malgré l'horrible douleur irradiant le bras tout entier ! Pensez donc ! Il ne fallait surtout pas que ces gentes demoiselles s'aperçoivent d'une quelconque défaillance ! D'ailleurs lorsque la performance ne les satisfaisait pas, vaillamment ils récidivaient, un sourire enjôleur au bord des lèvres... mais les dents serrées !

L'orchestre jouait des valses entraînantes à en tourner les têtes, et les cœurs chaviraient au son des mélodies où « amour » rimait avec « toujours ».

Dans un coin de la place du village, un grand gaillard à la voix forte hélait cette jeunesse insouciante :

— Marrons chauds ! Marrons chauds ! Allez ma jolie, ils sont bons les marrons, ils sont bons ! Grillés à point ! Chauds les marrons chauds !

Et une bonne odeur s'exhalait alors que le forain emplissait des cornets en papier journal et rabâchait son sempiternel refrain :

— Chauds les marrons ! Chauds ! Pour vous, ma toute douce !

Parmi un groupe de jeunes gens descendus de leur campagne, Félicien n'était guère à son aise ! Toutes ces attractions ne l'intéressaient pas. D'ailleurs, il n'aimait pas danser, pas plus que tirer sur des bouts de cartons, et encore bien moins se rompre les os sur un instrument de torture ! Alors, il s'ennuyait souverainement. Ses copains le traînèrent à la buvette, mais Félicien, réputé avare comme un rat ne l'entendait pas de cette oreille. Il était hors de question qu'en quelques heures il dépensât ses modestes économies, et tout cela dans le seul but de parader et d'éblouir les filles ! Qu'en avait-il à faire, lui ? Les passions de Félicien se bornaient aux limites de sa ferme, et il se demandait bien ce qu'il était venu foutre à la fête !

— Paie ta tournée, nom de chien ! chinaient ses amis.

— Vas-tu le sortir ton crapaud, non de non ?

— Allez, laisse-toi aller va ! Une fois n'est pas coutume !

— T'es pas prêt de trouver une femme, radin comme t'es !

— T'as pas le gosier sec ? Nous, si ! Même qu'on boirait bien un pot nous autres ! Hein les gars ?

— Ouais ouais ! Allez, une tournée générale sur le compte du Félicien !

— Il écorcherait un pou avec un gant de boxe pour avoir la peau, tellement il est « rapia » !

Mais pour toute réponse, notre brave bougre quitta le comptoir et fila comme un dératé, abandonnant à la dive bouteille toute la petite équipe de joyeux lurons.

Alors pour tuer le temps, Félicien erra l'âme en peine au milieu de la foule qui le bousculait. Les grandes capelines des femmes émoustillées lui accrochaient sa casquette qui valdinguait à terre sous l'œil ironique de leur chevalier servant jouant au gandin !

— À tous les coups on gagne ! criait une voix rauque. Approchez ! Approchez ! Tous les billets sont gagnants ! Allons-y messieurs dames !

Félicien s'approcha. En effet, les gens se pressaient autour du stand et des clameurs de réjouissance fusaient de toutes parts. C'était bien vrai ! Tous les coups étaient gagnants ! Voilà qui commençait à titiller notre pingre de Félicien !

— Allons-y ! Qui emportera le joli petit cochon qui attend un propriétaire ? hurlait le forain. Un joli cochon à gagner ! Allez ! On tente sa chance !

— Un cochon de lait à gagner ! Voilà de quoi faire sortir le porte-monnaie « en peau d'hérisson » du pauvre bougre qui hésita longuement, mais après réflexion, se décida et acheta un billet...

— Ouaho ! Le vendeur sauta sur une chaise et gesticulait comme un diable dans un bénitier. Venez tous ! Venez tous voir l'heureux gagnant ! Monsieur... Quel est votre nom ?

— Félicien !

— Eh bien Félicien, bravo ! Vous avez gagné le gros lot ! Le cochon est à vous !

Tout le monde applaudit tant et si bien que ses amis interpellés par ce vacarme arrivèrent eux aussi.

— Mais c'est pas vrai ! Ce sacré vieux grippe-sou a trouvé le moyen de gagner le gros lot ! J'y crois pas ! s'indignaient-ils.

Et voilà notre paysan tout fier rapportant dans sa ferme un joli petit cochon.

— Moi, leur dit-il ironiquement, je gaspille pas l'argent ! Je sais jouer quand il faut, et où il faut !

— En plus, il se fout de nous ! maugréaient ses compagnons.

— Attends ! renchérit l'un d'eux, il faut qu'on lui fasse une bonne farce ! Il nous « les casse » avec son cochon !

— Félicien ! Tu vas pas garder cette bestiole ! Hein ? Il faut le tuer et on le mangera ensemble, t'es d'accord ? Un bon petit cochon de lait grillé, c'est que c'est bon ça ! Après tout, c'est grâce à nous...

— Ah ! Nom de Dui de nom de Dui ! Vous commencez à m'emmerder sérieusement vous tous ! Foutez-moi le camp où je...

— Hola ! Hola ! Des menaces ! T'en fais pas, on va pas te le voler ton goret ! répondirent les garçons, furieux.

Ils manigancèrent, quelques semaines plus tard, un stratagème infaillible, pariant qu'ils mangeraient le cochon du Félicien !

Les voici arrivés chez notre paysan.

— Alors ! Et ton porc ? Il a dû grossir non ?

— Venez le voir, répondit le bon péquenot. Ah ! Pour grossir, il a grossi ! C'est qu'il s'en donne la peine le gaillard !

— Gron gron gron ! La brave bête grognait en furetant dans son auge.

— Oh ! Mais ! fit l'un d'eux en prenant un air contrit, il n'est pas malade ? Je le trouve bizarre !

— Malade ! Malade ! C'est toi qu'es malade ! Pas mon "peurc" (porc).

— T'en es bien sûr ? Parce que moi, j' trouve qu'il a pas l'air "bien vie" !

— Allez, arrêtez donc vos calembredaines et rentrez cinq minutes.

Pendant que les deux premiers acolytes emboîtaient le pas de Félicien, les deux autres, prétextant un besoin naturel urgent, s'empressèrent de barbouiller le groin, la tête et le poitrail de la bête avec du sang récupéré à l'abattoir qu'ils avaient précautionneusement apporté dans une bouteille.

— Félicien ! Félicien ! Reviens vite ! Reviens vite ! se mirent-ils à hurler en gesticulant dans tous les sens ! Ton cochon est en train de crever ! Il fait un « coup de sang » ! Même que ça lui sort par les trous de nez !

— Hein ? Quoi ! vociféra le brave bougre affolé ! Ah ! Nom de Dui de nom de Dui ! Il est en train de crever pour sûr ! Ah nom de Dui de nom de Dui !

— J' t'avais ben dit que j' le trouvais pas bien d'aplomb ! répliqua un des chenapans la mine attristée.

— C' qui est dommage, c'est qu'à cette saison, t' peux même pas garder la viande ! Avec cette chaleur ! Elle va tourner !

— Ben ouais ! Faudrait pourtant le tuer vite avant qu'il crève ! Dommage de gaspiller l'argent quand même ! C'est tellement dur à gagner les sous !

— Ohlala ! C'est bête hein ! Mais on te comprend Félicien, tu sais ! Ça te fait malice pauv' vieux ! Si tu veux, on peut ben te rendre ce service, hein les gars !

— Oui ! Oui ! répondirent-ils à l'unisson, en tapant amicalement sur l'épaule du paysan. Allez va chez toi, on s'en charge !

... Et ce fut chose faite ! Félicien ne comprit jamais la supercherie ! Les gredins qui se régalèrent en mangeant et buvant à sa santé... avaient gagné leur pari !

Comme il n'existait jamais aucune méchanceté malsaine dans toutes ces blagues, que c'était juste histoire de rire un bon coup, les farceurs remplacèrent l'objet de leur délit quelque temps plus tard et tout se termina, comme toujours autour d'une bonne chopine et personne n'en tint rigueur...

!!!!!

37

Sans scrupules !

D*ans l'arrière-boutique de la mère Denis*, les vieux gars du coin aimaient se rencontrer pour taper la belote. Principalement en période d'hiver qui mettait son monde en congés forcés. Alors les après-midi, après leur "prenière" (sieste) habituelle, quelques copains infailliblement se retrouvaient dans la petite cuisine. Une ampoule maculée de chiures de mouches de l'été passé, se balançait au bout d'un cordon torsadé et répandait sa lumière blafarde, dessinant des ombres sur les murs peints en vert criard. La brave vieille leur apportait une chopine de vin, et gentiment nos quatre compères tuaient le temps.

— Belote, rebelote, je coupe, atout, atout et dix de der ! Et voilà comment on se fait plumer... T'as plus qu'à payer la tournée !

Or, ce jour-là, voilà que l'un d'eux manquait à l'appel ! Ils l'attendirent un moment en buvant quelques canons, histoire de patienter quoi ! La conversation s'orienta, comme il est de coutume en pareilles circonstances, sur les banalités du quotidien.

— Qu'est-ce donc que t'as fait de beau ce matin, Emile ? demanda l'un d'eux.

— Oh ! J'ai dégermé mes patates. Avec le temps qu'il fait, y a ben qu'à la cave qu'on est bien ! Je m'y suis attelé de bonne heure ! C'est qui avait du boulot ! Des germes épais comme le pouce dis donc !

— Moi, interrompit Roland, j'ai coupé « gros de bois » ! C'est que ma bourgeoise, elle craint le froid à présent ! Elle se fait pas toute jeune...

— T' sais pas la réchauffer pardi, bougre de brelot ! ironisa Marcel en lui tapant sur l'épaule.

— !!!

— N'empêche les gars, que c'est pas normal que le grand Marco soit pas là ! Je commence à m'inquiéter. Il t'avait bien dit qu'il viendrait, hein ?

— Ouais, ouais ! C'est ben ma foi vrai, faudrait p't-être qu'on aille voir c' qui s' passe !

— Ben mon vieux, répliqua Emile, avec ce temps pourri... À la vôtre ! Y en tombe comme vache qui pisse !

— Ouais, ben laisse pisser la vache et viens avec nous, espèce de poule mouillée ! dit Roland en se levant de sa chaise.

Nos trois compagnons s'emmitouflèrent, et les voilà partis en direction de la ferme du grand Marco. Le vent soufflait en rafales et la pluie s'abattait, drue et froide. Le brave vieux Médor aboya en remuant son ch'tit bout de queue rescapée d'une mutilation un jour de chasse. Son maître ne sut jamais au juste ce qui s'était passé ! Un sanglier ? Un autre chien ?

Il les avait bien reconnus, et retourna s'abriter dans sa niche d'où sortaient des brindilles de paille.

— Hoé ! Hoé ! T'es t'y là grand ? crièrent les hommes. "Y'on dont que te te cache ? Oué tout sarré vers té" (Où te caches-tu ? Tout est fermé chez toi) !

— Ohoh ! Où diable est-il parti cet animal-là ? renchérit Marcel.

— Héo ! Héo !

— Il faut qu'on rentre ! Il a peut-être été pris de malaise, va donc savoir ! Avec tout ce qui se met dans le coco, ce serait guère surprenant...

— Il s'en met pas plus que toi ! T'as pas besoin d'en rajouter !

Finalement les trois acolytes décidèrent de fracturer la porte d'entrée. Le bois vola en éclats, et ils restèrent pétrifiés. Quelle ne fut pas leur stupeur de trouver leur ami pendu haut et court à la poutre de la cuisine, entre les deux gros jambons et l'andouille qui séchaient.

— Ah ! Putain ! Ah ! Nom de D... Ah ! C'est pas vrai !

Nos trois braves bougres n'en croyaient pas leurs yeux. Le grand Marco s'était bel et bien donné la mort. Ils restèrent comme paralysés un long moment ne pouvant détacher leur regard de ce terrifiant spectacle, puis convinrent de dépendre le corps, mais...

— Hé ! Y a rien qui vous étonne ? questionna Roland.

— Ah ! Pour être étonné, on est étonné ! Tu peux dire qu'on est sur le cul ouais ! Jamais j'aurais pensé à une chose pareille. Mais qu'est-ce qui lui a pris à ce bredin !

— Non ! J' vous parle pas de ça ! Regardez comment il est habillé !

Effectivement, le malheureux, dans un dernier élan de fierté, de dignité, avait revêtu son plus beau complet, sa chemise blanche, sa cravate et même les boutons de manchettes. Il était lavé, rasé de près, moustache calamistrée et ses cheveux brillaient encore de « gomina » ! Mais ni les uns ni les autres ne comprirent pourquoi ses souliers dépareillaient autant ! Comment est-ce qu'un homme qui se donne la peine de faire « grande toilette » peut-il se chausser avec des godasses infâmes, sales et éculées, usées jusqu'à la corde...

Les trois compagnons demeurèrent interdits et réfléchissaient. En réalité, aucune réponse plausible n'éclaira leur lanterne.

Non loin de là, vivait un pauvre diable, misérable, épouvantablement crasseux ! Le père Tapedur ! Il devait ce surnom à sa droite implacable qu'il distribuait volontiers en uppercut bien balancé les soirs de beuverie ! Il n'était pas aimé dans le coin, sournois, fourbe et pas intéressant pour deux sous, ce type ! Intrigué par les allers et venues des trois larrons, il décida lui aussi de s'approcher.

La conversation s'engagea. Chacun ressassait ses tenants et aboutissants !

Soudain Marcel poussa un hurlement en direction du voisin :

— Salaud ! Pourriture ! Ordure de père Tapedur ! T'as t'y point honte sacrée vieille charogne ! Fous le camp d'ici, espèce de bandit, va !

— Mais, t'es fou ou quoi ? cria Roland surpris par cet accès de violence verbale inhabituelle. Qu'est-ce qui te prend ?

— Qu'est-ce qui me prend ? Qu'est-ce qui me prend ? Regardez un peu ce salopard ! renchérit Marcel rouge de colère.

Il se précipita sur le père Tapdur, retroussa son pantalon sale comme un peigne et...

— Ah ! Non ! T'as pas fait une chose pareille ? C'est pas possible ? Dis-nous qu'on rêve nom de D...

— Oh ! Vous rêvez pas mes amis, cria Marcel ! Vous rêvez pas ! C'est bien lui, cette vieille denrée... Allez avoue ! Avoue sinon on va te fracasser la tête...

Alors, contraint, forcé, le père Tapedur bafouilla :

— Beenn ! J' voyais pas le grand Marco ouvrir ses volets ce tantôt, alors j'avise s'il était pas malade, et j' l'a trouvé là, pendu... Beenn, alors j'ai regardé ses beaux souliers tout neufs que brrriiillaient, mon vieux... ... J'me suis dit... Tè don' !... Beenn il en a plus besoin lui... alors qu'à moi, y seront bien utiles...

!!!!!

38

À confesse !

Le *père Bernard Crampion*, surnommé Nanard, ennemi juré du Rémi Martiau répondant quant à lui au diminutif lapalissien de Mimi (son acolyte de comptoir de jeunesse), se rendait à l'église d'un pas nonchalant. C'est que...

— "Fallaut s' faire propre et aller à confesse. Vouétau Pâques" (C'est Pâques).

À cette époque, tout le monde, même les plus mécréants, à l'exception de quelques « rouges » isolés, « faisait ses Pâques ». Impensable de s'en abstenir ! C'était un péché mortel ! Avec un brin d'indulgence... allez, disons... véniel ! Peu importe, péché tout de même. Alors gare à vos âmes chenapans !

Tout un chacun s'acquittait de son devoir de chrétien : se confesser dans la semaine et communier le dimanche rédempteur.

Pâques, période transitoire entre les semaines froides et le renouveau fleuri offrait l'occasion de délaisser les vêtements hivernaux rangés dans les armoires à forte odeur de naphtaline et de « s'habiller en été ».

Il n'était pas particulièrement convaincu, le Bernard Crampion, mais fallait ben suivre les autres, parbleu ! Pas se faire remarquer tout de même ! Manquerait plus que ça...

— “N’étin pas des saints nous autres mais respectau la religion” (Nous ne sommes pas des saints, mais respectons la religion) !

Un p’tit tour au bistrot de la mère Vinasse pour se délier la langue... C’est qu’il en avait des choses « pas comme il faut » à raconter à ce bon vieux curé dis donc ! Tant et si bien que titubant et excité au possible, il entra dans l’église.

Des femmes agenouillées, mantille noire sur la tête, égrenaient leur chapelet au pied de l’autel de la Vierge qu’éclairait la lumière dansante des cierges.

Les hommes debout semblaient murmurer quelques oraisons jaculatoires.

Nanard quitta sa casquette et se dirigea vers le confessionnal. Mais quelle ne fut pas sa stupeur de voir assis sur le banc, façon salle d’attente, cette ignoble créature du diable de Martiau.

— Ah ! Vindieu ! s’écria l’ Nanard ! V’là t’y pas qu’il est là l’autre charogne !

Des chuuut, chuuut fusèrent de part et d’autre de l’église. Mais le père Crampion bien aviné ne se raisonnait guère !

— Fous le camp, salopard, hurla-t-il, hors de ma vue ! Ah ! Te peux ben te confesser sacrée charrrogne !

Face au silence respectueux du Mimi, il s’excita davantage en l’insultant, le menaçant ; les yeux exorbités, et rouge de colère, il lui asséna un grand coup de pied dans les tibias.

Le père Martiau, jusque là impassible, commença à hausser le ton :

— Vas-tu fermer ta grande gueule, nom de D... espèce de tordu. T'es dans une église ici, mais te respectes rien de rien !

— Elle devrait ben te tomber dessus, ce s'rait t'y bien fait ! Quel bon débarras ! Voleur !

— Fais don' attention à toi, avec ta tête de cocu... il pourrait bien te pousser des cornes que te pourrais même plus passer sous le porche ! se défendit Mimi. T'as vu ton pif ! Tellement que te t'en mets dans le coco, y ressemble à un cul de babouin !

Une dame assise sereinement sur le banc en attendant son tour les somma de se taire, mais rien à faire... la machine était lancée !

— C'est un voleur que j' vous dis ! hurla Crampion. Je lui ai prêté un tombereau, je dis bien prêté, un beau tombereau tout neuf, peint en bleu SVP, eh ben comme je le voyais pas revenir, je vais lui réclamer... vous savez c' qui m' répond ! J' l'ai brûlé qui m' dit ! Quoi que j' demande ? T'as brûlé mon tombereau que j' t'avais prêté ? Oui qui m' dit en rigolant... il était tout pourri... Voleuuuur !

— Charrrrogne ! Et toi, hein ! Tes vaches qui mangent sous ma clôture ! Tu mériterais que je t'envoie les gendarmes, la loi c'est la loi ! Cinquante centimètres de chaque côté de la clôture... eh ben ! Non ! monsieur n'en fait qu'à sa guise ! Et les vaches bouffent mon herbe !

— Ah ! Tais-toi donc vieille baderne ! Avec tes histoires de vaches et de clôture ! Mon tombereau avait ben plus de valeur que trois pauvres ch'tites touffes d'herbe !

Bref ! D'une insulte à l'autre, l'église devenait l'antre d'un règlement de compte de saoulards en perdition !

Les paroissiennes, l'air pincé, se blottissaient les unes contre les autres, s'obstruant les oreilles de leurs mains gantées. Certaines plus espiègles riaient en douce... face à cette scène des plus insolites, mais certes pas des moins cocasses !

— Quelle honte ! Mon Dieu ! Mais allez-vous cesser cette comédie ? Espèce de vauriens ! grognaient les bien-pensantes.

La situation s'envenimait méchamment. Le père Monciel, curé placide et tolérant, sortit la tête du confessionnal !

— Que se passe-t-il ici ? Qu'est-ce que j'entends ? Mais c'est inacceptable voyons ! Allons mes braves, calmez-vous !

Que dalle ! Les deux hommes debout face à face s'incendiaient de sottises... puis excédé, le Mimi envoya un coup de poing que notre Nanard trop ivre n'eut le réflexe d'esquiver ! Patatrac ! À bas le pantin ! Il se retrouva le derrière sur les dalles de l'église !

— Ché pas c' qui m'retient de... Le père Martiau brandissait sa dextre, poing serré, prêt à frapper cet impertinent qui semait le trouble au beau milieu d'une assistance qui se voulait des plus recueillies.

Il se releva tant bien que mal et fonça, tête en avant sur le Mimi !

— Alors là ! Cette fois-ci, ça suffit ! cria le brave père Monciel en s'interposant entre les deux hommes. À grand peine, il les tenait écartés à bout de bras. Mais vous êtes complètement fous tous les deux. Sortez ! Sortez immédiatement de mon église. Vous viendrez vous confesser quand vous serez calmés !

Les paroissiennes s'indignaient... mais n'en perdaient pas un pouce ! De fait, elles en oubliaient pour la plupart la pénitence infligée en rémission de leurs péchés ! Un *Credo*, deux *Pater* et dix *Ave*... euh ! Non ! Pas de *Credo* ! Un *Pater* et dix *Ave* ! Mais non ! C'est pas ça ! Un *confiteor*, pas de *Credo*... et puis zut, j' m'en souviens plus !

Les deux vieux bougres se retrouvèrent donc sur le parvis. Ils échangèrent quelques mots doux... nous l'imaginons ! Puis sans trop savoir pourquoi, le Nanard s'enquit :

— Ben moi j'ai soif ! J' m'en vais au bistrot !

Se tournant vers le Mimi, il ajouta : "Allez, vin dont bère un canon" (viens boire un canon) !

Nos énergumènes entrèrent ensemble au café de la mère Vinasse, s'accoudèrent au bar et commandèrent une chopine, mais, prévint Bernard Crampion :

— On boit ensemble, d'accord, mais on reste fâché hein !

— D'accord ! On boit mais on reste fâché ! Dès qu'on passera la porte, on redeviendra des ennemis.

...Et ils trinquèrent !... trinquèrent... trinquèrent...

!!!!!

39

Chez le pharmacien...

Cet homme, monsieur Laplante docteur en chimie et son épouse implantèrent la première pharmacie d'un petit village rural, dans les années 1890.

Autant dire que cet érudit apothicaire inspirait le plus grand respect à des pauvres paysans. Ils venaient le consulter, car à cette époque le médecin croisait souvent le prêtre sur le pas de la porte des fermes qui n'appelaient le praticien qu'en dernier recours... donc, trop tard !

Un jour, le père Duchemin se lamentait en constatant que ses trois vaches, bonnes laitières habituellement, dépérissaient et ne produisaient plus de lait.

Il s'en vint chez ses plus proches voisins, le père Muret et sa femme :

— Ohoh ! La compagnie ! s'écria-t-il en frappant à leur porte. Y a-t-y quelqu'un ?

— “Rintry, ryntry ! Qué quou za” (Rentrez. Rentrez ! Qu'y a-t-il) ?

— Ah ! Dieu ! Mes vaches sont en train de crever. Elles mangent plus guère et z'ont pas plus de lait que mon bouc !

— Oh ! Sûrement un mauvais sort jeté par quelqu'un qui vous veut du mal, va ! À coup sûr c'est ça ! Faut vous protéger. Allez donc voir le vieil Albert d'ici là-haut à Camouflet. Lui, y sait tous les secrets pour chasser le mauvais œil.

— "Vous y craigny vous, mè j'y craignou guère" (Vous y croyez vous, moi pas beaucoup) !

Mais, dans le doute, abstiens-toi de tout commentaire, sait-on jamais ! Il en causa à sa bourgeoise, qui se moqua de lui !

— T'es aussi fou que le vieux Muret ! Des histoires à dormir debout... Fais ce qu' te veux après tout !

Le voici donc en route en direction de Camouflet afin de s'enquérir de quelques formules ou potions magiques destinées à écarter tous sortilèges. Chemin faisant, il cogitait.

— Quel diable "d'houme" (d'homme) ou de mauvaise "fene" (femme) pouvait lui jeter un sort ? Sans doute les Dufoux depuis qu'il leur avait refusé son aide un jour de moisson ! Il avait assez à faire chez lui ce soir-là, l'orage menaçait, alors ! À moins que ce ne soit les Paranaud, pas intéressants pour deux sous, ces gens ! Ça pourrait bien être eux, hé, pourquoi pas ? Impossible que la ferme Dugentille soit mêlée à cette sale manigance...

Bref, de réflexions en déductions, il arriva chez le vieil Albert occupé à touiller une espèce de mixture qui puait ; vraisemblablement un méli-mélo de racines de plantes et d'entrailles de bestioles. Il marmonnait des incantations en tournant autour de son chaudron avec force grimaces et gestes rituels.

Pas convaincu, notre brave bougre de paysan expliqua néanmoins le but de sa visite, tout en lorgnant à droite et à gauche dans cet antre de sorcier. Il aperçut, pendue au mur une poupée piquée d'aiguilles, sur une étagère des bocaux emplis de poudre de différentes couleurs et en eut la chair de poule ! Albert, le dos voûté, souriait d'un sourire ridiculement perfide, ce qui n'échappa nullement au père Duchemin qui n'aspirait qu'à une seule chose : ficher le camp au plus vite !

Bien entendu, Albert affirma qu'un voisin pratiquait des incantations destinées à faire crever ses bêtes et que lui, le grand défenseur des pauvres hères en perdition, contrait tous les maléfices. Le père Duchemin le remercia et se sauva à toutes jambes, jurant dans son for intérieur de ne jamais remettre les pieds chez cet énergumène !

De fait, il se rendit chez le pharmacien, nouvellement installé. Quelle ne fut pas sa surprise en ouvrant la porte de voir monsieur Laplante touiller une mixture dans un récipient à l'aide d'un pilon en bois.

— Décidément, pensa-t-il, j' sais pas c' qu'ils fabriquent tous avec leurs plantes et leurs mélanges ! Ohlalala !

Mais ce monsieur avait fière allure et derrière ses petites lunettes rondes cerclées de fer il affichait une bonhomie manifeste. Notre brave bougre expliqua ses soucis.

— Boivent-elles correctement, vos bêtes ? demanda monsieur Laplante.

— Ma foi non ! répondit le paysan. Ni boire, ni manger...

— Alors, mettez-leur ce bloc à lécher et vous me donnerez des nouvelles dans quelques jours.

Une semaine plus tard, les vaches reprenaient « du poil de la bête » (sans jeu de mot !) et tout rentra dans l'ordre. Monsieur Laplante avait tout simplement conseillé un bloc de sel, mais autrefois cette pratique était inconnue. Suite à cette histoire, nombreux furent les paysans qui donnèrent du sel à leur bétail, et répandaient du gros sel sur le foin, ce qui avait double intérêt ; celui d'éviter l'échauffement du fourrage suivi du risque d'incendie des fenières, et de stimuler l'appétence, apportant ainsi les sels minéraux nécessaires à la bonne alimentation des cheptels.

La réputation de cet « homme de savoir » se répandit alentour, et force était de constater que ses remèdes produisaient les meilleurs effets sur les gens et les animaux. Il ne parlait jamais de sort ni d'envoûtement, pas plus que de diablerie ou autres balivernes destinées à déstabiliser les âmes vulnérables !

Sans relâche il travaillait dans cette officine impeccablement tenue. Les pots en faïence blanche décorés d'arabesques bleues alignés sur les étagères portaient des noms latins auxquels personne, hormis monsieur le curé, ne comprenait rien. Trois petits tonneaux en verre contenaient la précieuse eau de Cologne d'où se dégageaient dans une ambiance feutrée, des effluves subtils de lavande et de jasmin. Les femmes en emplissaient leurs bouteilles emballées dans du papier journal. Il fabriquait lui-même les cachets en deux parties de pain azyme au cœur desquelles il glissait précautionneusement des plantes pilées, avant de souder ces deux cupules en une seule : les tout premiers cachets prédécesseurs des comprimés. Il confectionnait également les suppositoires à base de beurre de cacao dans un petit moule en bois, pendant que de son alambic gouttaient quelques essences de plantes destinées à des sirops et décoctions.

Or, un jour la mère Benaite qui ne parlait que patois lui demanda de l'aide. En effet son mari, le Gaston toussait à s'en arracher les poumons.

— Vouèla vouèla ! Mon pauvre Gaston, y gueule la mort ! dit-elle en se lamentant.

Monsieur Laplante conseilla un traitement. La brave vieille s'en retourna dans sa ferme.

Une semaine plus tard, la mère Benaite revint :

— Il va bien mieux m'sieur, bien mieux... et de remercier encore et encore ! Elle sortit de son vieux cabas un pot de confiture ; tenez, c'est pas grand-chose... histoire de...

— Fallait pas voyons madame...

— Si si, n'en dites rien à personne ! chuchota-t-elle.

— Soyez tranquille, dit le pharmacien touché par autant de gentillesse. En ville, jamais personne ne témoignait autant de délicatesse et force était de constater que les ruraux montraient un inconditionnel savoir-vivre fondé sur les bases de la sociabilité tout simplement. Bien, alors, ajouta-t-il, pour votre époux, vous allez suspendre le traitement quelques jours et nous aviserons ensuite.

Soucieux du sort de tous ces pauvres bougres ignares pour la plupart, monsieur Laplante demandait très souvent à son épouse de se rendre auprès des malades, et ce jour-là, en l'occurrence chez le père Benaite.

Lorsqu'elle arriva dans cette misérable ferme, elle trouva le vieux couché sur une espèce de grabat miteux, les yeux fiévreux, secoué par une toux grasse qui n'annonçait rien de bon. S'adressant à sa femme, elle demanda :

— Montrez-moi le traitement que mon mari vous a conseillé, nous allons faire le nécessaire.

— Attendez-moi là, répliqua en patois la vieille, je m'en vas chercher une échelle.

— Une échelle ? Quelle échelle ? Pour quoi faire ? questionna surprise madame Laplante pensant qu'elle ne comprenait pas bien le français.

— Ben ! Monsieur votre mari m'a dit de suspendre le traitement, ben j'ai fait comme il a dit, je l'ai pendu là-haut pardi !

Madame Laplante malgré cette misère manifeste eut bien du mal à dissimuler un fou-rire en voyant, suspendu à une poutre, le... traitement !

!!!!!

40

Voyage mouvementé !

Le facteur frappa à la porte du Félicien :

— “Rentrez rien que facteur”, dit-il et amenez-vous boire un canon. Tiens, j’ suis juste en train de manger ma soupe, vous en prendrez ben une assiette avec moi. Elle est toute chaude, et bien bonne ma foi ; j’ai mis un bon gros bout de lard ; allez pas de manière entre nous, hein !

Le facteur posa sa sacoche sur une chaise et s’assit face au Félicien qui lapait son bouillon à grand renfort de « chleeuup » ! Sans le regarder, il lui signifia de l’index d’en faire autant !... Il ajouta une bonne rasade de vin qui se mélangea au bouillon gras en yeux qui couraient à la surface, se heurtaient aux légumes et s’amerrissaient sur les bords de l’assiette ébréchée.

Après avoir essuyé ses grosses moustaches d’un revers de main, il demanda au préposé :

— Alors mon garçon, qu’est-ce que vous m’amenez de beau ?

Le facteur tira une lettre de sa sacoche.

— Tenez Félicien, ça vient de Lyon, regardez...

Il montra de son doigt le cachet de la poste.

— De Lyon ! De Lyon... C'est ma sœur, la Jeanne, sûrement. Elle s'est bien mariée, elle ! Avec un homme de bonne situation... Pas un péquenot de par chez nous ! Oh non ! C'est qu'il en a des...

Il assortit ses propos d'un geste de sa dextre, frottant le pouce sur l'index... comprenez, des sous !

— Ah la tant mieux pour eux ! répondit le facteur en terminant son potage.

Le Félicien ouvrit l'enveloppe de la pointe de son couteau et lut à voix haute. Sa sœur l'invitait à passer quelques jours chez eux. Elle serait ravie, disait-elle, de lui faire visiter la belle ville de Lyon, toi qui ne connais pas, ajoutait-elle !

Notre brave bougre, après plusieurs jours de réflexion, décida d'entreprendre le voyage. Bien entendu, cela va de soi, n'est-ce pas, il se rendit au bistrot de la mère Chaupine. Ben tiens, il voulait en parler avec les copains, non mais ! C'est qu'il devait prendre le train, c'est pas une mince affaire ! Je m'en vais leur en foutre plein la vue ! pensa-t-il. Sont jamais sortis de leur trou, ces cons-là... moi, j' suis plus malin qu'eux pour sûr !

Le Félicien paya tournées sur tournées à tous les pochards du bourg, en leur cassant les oreilles avec ses histoires de train, de sœur riche, de beau-frère millionnaire, de grande ville, etc.

Deux jeunes décidèrent alors de lui faire une bonne farce. Puisqu'il allait voyager en train, ils se devaient d'inventer un stratagème infaillible, qui le mettrait à coup sûr dans un bel embarras ! Après concertation, une idée géniale fut retenue !

La veille du départ, ils se rendirent chez le Félicien, en pleins préparatifs. Sa valise en cuir râpé ouverte sur la table de la cuisine, il empilait ses quelques pauvres habits du dimanche. Bien brave, il emportait également un gros saucisson, des fromages emballés dans du papier journal, et un lapin tué de la veille, sans oublier le petit pot de sang pour que le civet soit plus onctueux.

— C'est que, dit-il, là-bas à la ville, y z'ont pas de bons produits comme ça... elle s'ra bien contente, la frangine ! Ça lui rappellera son jeune temps, quand elle vivait avec nous et qu'elle gardait les vaches...

Son regard s'était figé au creux de sa mémoire... c'était une autre époque !

Profitant d'un moment d'inattention, nos deux compères glissèrent au fond de la valise un réveil qu'ils avaient bien entendu pris soin de monter de manière à ce qu'il sonnât au beau milieu du trajet... un de ces réveils à répétition qui sonne, qui sonne, qui sonne à n'en plus finir !...

Le Félicien n'y vit que du bleu ! Tellement obnubilé qu'il était à la confection du barda ! Il ajouta une bouteille de gniole emballée dans un "décrassoir" en nid d'abeille, et ferma la valise.

— Attends, on va t'aider, dirent les deux joyeux acolytes !

La valise fut bouclée, ficelée, au cas où...

Le lendemain aux aurores, Félicien se trouvait sur le quai de la gare, fier comme Artaban ! Les voyageurs le regardaient d'un air bizarre, certains souriaient, d'autres se moquaient ostensiblement en marmonnant quelques plaisanteries sur son accoutrement ! Le pauvre diable, l'était pas habillé à la mode avec son pantalon trop large qui descendait sous le ventre, la chemise élimée au col et aux poignets d'où pendaient des fils, le pull tricoté en « laine grasse » et les bretelles... Ben quoi ! Y tient bien chaud mon chandail hé ! M'en fous, moi ! L'avait même parfumé le coin de son mouchoir à carreaux avec de l'eau de Cologne à la violette. Hou ! Ça sentait bon ! Bien bon !

Il s'installa confortablement dans le premier wagon, plaça sa valise dans le filet, comme le firent les autres pardi !...

Les voilà partis... Le train quitta la gare en sifflant et crachant une fumée noire. Pour la première fois de sa vie, Félicien sentit monter au fond de son être un sentiment de fierté. Il était assis dans le train, lui le petit paysan de rien du tout, et partait à Lyon... La dernière fois qu'il avait quitté sa ferme, c'était pour le service militaire, mais c'était différent et cela remonte à... pouh ! Plus d'une quarantaine d'années !

Naturellement, il engagea la conversation avec un monsieur bien propre sur lui, en costume, chemise blanche cravate et chapeau, qui partageait le compartiment :

— Vous allez à Lyon aussi ? demanda-t-il.

— Eh bien évidemment voyons ! Où voulez-vous que nous allions ? répondit le voyageur visiblement agacé.

— Ben, moi aussi, j' vais à Lyon voir ma sœur qu'est mariée là-bas avec un gars qu'en a deeees... pépètes si vous voyez c' que j' veux dire !

— !!!...

— Y avait ben d' bons fermiers par chez nous, mais elle en a pas voulu !... C'est vrai que la Jeanne... c'est ma sœur, la Jeanne... elle avait c' qu'il fallait, là où qu'il fallait... et puis bonne cuisinière par-dessus l' marché ! Oh ! Pour sûr que son homme, il a pas eu à s'en plaindre.

— Vos histoires ne m'intéressent pas, trancha le monsieur... « bien comme il faut » !

— Hou ben mon vieux ! L'est pas commode le gars ! marmonna le Félicien. Peut ben parler quand même... de choses et d'autres, houla mon Dieu !

Se tournant vers sa voisine de droite qui scrutait le paysage, à travers sa voilette de mousseline délicatement vaporeuse il dit :

— Bien l' bonjour m'dame ! J' m'appelle Félicien ! Et vous c'est comment vot' p'tit nom ?

Elle répondit par un mouvement d'épaule dédaigneux.

— Ça va t'y vot' p'tite famille ? Moi, j'ai què'ques bêtes qu' le Gaston, mon voisin, garde pendant que je voyage... Des montbéliardes que c'est mon cheptel C'est que ça, c'est des laitières, les montbéliardes ! Faut voir, le soir comme ça pisse dru le lait !

La dame, fort élégante, soupira d'agacement.

— Poulala ! Eh ben mon vieux ! C'est gai tiens... moi j' pensais qu'on allait faire la conversation tous les trois... taper la causette quoi ! Comme je dis toujours, vaut mieux parler comme ça de choses et d'autres que de dire du mal de son voisin, pas vrai ? Mais bien sûr, des beaux monsieurs et des belles madames comme vous autres... sans doute que j' vous intéresse pas !

C'est alors que ce fichu réveil se mit à carillonner ! Mais alors, une sonnerie épouvantable !

— Qu'y a-t-il ? questionna la femme surprise.

— Qu'est-ce que cela signifie, monsieur ? interrogea le voyageur courroucé.

— Ah ! Vindieu ! J'y sais t'y moi ?

— Restez poli SVP, vous commencez à nous ennuyer sérieusement !

— Nom de Dieu ! J'ai pas mis de réveil dans ma valise, moi !

Et ça sonnait... et ça sonnait...

— Arrêtez cela immédiatement, cria la dame ou je vais appeler le contrôleur. Tout cela est grotesque et insupportable !

— Pour ne pas dire franchement ridicule, insista l'autre.

Le brave bougre sortit sa valise, dans la panique n'arriva pas à défaire les nœuds trop serrés des ficelles... Il sortit de sa poche son vieux couteau, déplia la lame, coupa d'un coup sec les liens, souleva le couvercle et chercha ce satané réveil qui sonnait répétitivement ! Complètement affolé, le pauvre diable échappa le saucisson qui roula à terre jusqu'aux pieds de la belle dame, les fromages se déplièrent et s'éparpillèrent entre les « marcel » et les caleçons, quant au lapin, le papier journal imbu de sang se déchira, laissant surgir la tête ensanglantée de l'animal !

— Mon Dieu ! Quelle horreur ! hurla la femme en portant ses mains élégamment gantées devant ses yeux.

— Voyons monsieur, s'insurgea l'autre homme, est-ce bientôt fini cette mascarade ?

— Ah ! Milliard de nom de D..., si j' tenais l'andouille qu'a fait c'te connerie...

La sonnerie s'était tue, mais le pauvre diable se battait avec ses fromages, son saucisson et son lapin. Il brandit la bouteille de gniole :

— Ah ben ! Vindieu ! Heureusement qu'elle est pas cassée ... mon beau-frère, l' mari de la Jeanne, c'est qu'il crache pas d'sus, le gaillard ! Ça fait digérer qu'y dit ! Tu parles ouais ! Et vous m'sieur, vous y aimez t'y la gniole ? Parce que vous savez, comme qu'on dit par chez nous, quand y en a pour deux, y en a pour trois ! Faut pas vous gêner ! c'est de bon cœur...

Dégoûtés, les deux tristes personnages quittèrent le compartiment sans demander leur reste, abandonnant le Félicien à ses préoccupations ! Finalement le train, c'est pas c' qu'on croit hein !

Arrivé en gare de Perrache, il trouva sa sœur accompagnée de son époux sans difficulté. Pas plus bête que les autres va, l' Félicien !

Ils prirent le bus. Le chauffeur, un petit homme rondouillard, lorgnait derrière ses lunettes :

— Ça fait deux francs, dit-il froidement.

Personne ne se saluait ; ni bonjour, ni bonsoir, ni fric ni frac ! Drôle de mentalité ! pensa-t-il. Tout le monde se retournait sur son passage, au début il croyait que c'était pour dire bonjour, mais va te faire foutre : rien du tout ! Quand il s'adressa à une jeune femme enceinte jusqu'aux yeux, pour lui demander gentiment si ça allait, si c'était son premier et comment il s'appellerait, elle avait haussé les épaules ! Enfin bougre, c'est pas du mal quand même !

Arrivé dans le superbe appartement de sa sœur au sixième étage, il tournait comme un ours en cage. Il se précipita vers la fenêtre, et en face, il ne vit que d'autres immeubles aux murs gris. Il ouvrit les deux battants, regarda l'air hébété dans la rue... pas d'arbre ! Que des maisons alignées, des toitures sombres à l'image des habitants et des gens qu'il apercevait tout petits et qui couraient...

— Tu sais Jeanne, t'es bien gentille de m'avoir invité, mais tu vois, j' crois qu' j'en ai assez vu de la ville, j' veux repartir chez moi !

Il laissa ses précieux présents, jeta ce satané réveil dans la poubelle, remit tout le linge en boule dans la valise, la boucla et la posa debout près de la porte d'entrée...

— T'aurais pas une vieille ceinture à me prêter ? demanda-t-il. J' te la rendrai !

— Si, bien sûr ! Pour quoi faire ?

— J'ai plus d' ficelle avec toutes ces avaries, je veux la mettre autour de ma valise !...

Jeanne et son mari ne purent s'empêcher de sourire ! Oh non ! Ils ne se moquaient pas, loin de là ! Si moquerie il y avait, elle aurait été à l'encontre de ces gens prétentieux que leur mode de vie éloignait des vraies valeurs.

Ils comprirent tout simplement son dépaysement et promirent que désormais, ce serait eux qui lui rendraient visite.

— Ouais, ouais, j'aime mieux comme ça, dit Félicien. Que voulez-vous, les voyages, c'est pas pour moi...

!!!!!

41

« La chatouille St Hanoise » !

À Saint-Haon-le-Châtel, quelques amoureux de musique créèrent leur première société qui, si elle se devait être avant tout un regroupement musical, n'en était pas pour le moins une communauté de bons vivants prêts à tout pour faire la fête et bien rire !

Le maire du village, élu par là-même président de ladite association, interviewé par un journaliste de l'époque sur (je cite), la bigophonie et la Chatouille déclarées d'intérêt public, répondait en date du 18 février 1955 :

« — *Sur les trois cent quarante-quatre administrés de ma commune — Saint-Haon-le-Châtel — cinquante-six appartiennent à la « Chatouille ». Nos sociétaires sont de tous les âges, du premier jusqu'au plus respectable...*

— De la prime à la dernière enfance en somme. Parfait. Mais dites-moi, monsieur le président maire en quoi consiste cette « Chatouille » ? Avez-vous l'intention de créer cette « ambiance joyeuse » au moyen de contacts épidermiques destinés à provoquer artificiellement le spasme hilare par lequel l'homme se distingue des autres

bêtes et notamment de l'ours ? En un mot, ou plutôt en deux, vous livrerez-vous sur vos patients à ce que le docteur Knock appelait les gratouilles ou des chatouilles ?

— Absolument pas, monsieur. Un manchot peut faire partie de la « Chatouille » à condition d'être muni d'une blouse, d'une chéchia, d'un nez postiche grand modèle, de solides moustaches... Déjà nos cinquante-six exécutants travaillent des œuvres d'une extrême grandeur, telles que : « Froufrou », la « Madelon », et « le petit vin blanc ». Il y a notamment dans «la Madelon » des passages d'un pathétique extrême, par exemple ce refrain qui débute ainsi : « Quand la Madelon vient nous servir à boire... » il y a de quoi s'en chatouiller la luette !

— Quelles sont les réactions du public, monsieur le président maire, à l'audition de vos concerts ?

— Il se marre !... monsieur.

— Il se « marre ». Je note le mot technique.

— Notez aussi qu'en officialisant la « chatouille » par le truchement de l'organe imprimé le plus sérieux de la République française, nous n'avons pas voulu seulement rendre justice au bigophone, ce méconnu. Au temps de Jacques Cœur, les bouffons du roy chargés de faire rire le monarque lui chatouillaient les aisselles quand ils se trouvaient à bout d'imagination. Il valait mieux que de perdre la tête...

— !!

— Nous, bons vivants de notre siècle un tantinet morose, voulons prouver que le rire, le rire énorme de Rabelais, le rire qui ne se fabrique pas d'avance, reste encore le meilleur remède au mal du siècle : l'ennui. »

GROUPE de LA CHATOUILLE ST-HANOISE — Section de l'Amicale Laïque

Nous avons donc bien compris que cette société de musique se fixait pour seul objectif : jouer du rire à gogo !

Les fêtes foraines, les foires et kermesses, nombreuses en ces temps-là, fanfare en tête, animaient les villages. Aussi, notre célébrissime « Chatouille » ne rechignait jamais à apporter sa contribution à quelque invitation que ce soit ! Un jour, un concours de la meilleure fanfare fut organisé. Ben, tiens donc ! La « Chatouille » sans aucun *a priori* se présenta ! Eh bien figurez-vous qu'elle se retrouva pompeusement couronnée du titre de la première fanfare humoristique... normal ! Elle était la seule postulante !

Une foire relativement importante battait son plein à Roanne et les rues grouillaient de monde applaudissant à tout rompre les majorettes à l'allure élégante, les jongleurs habiles et la fanfare ! Notre « Chatouille », qui ne ratait jamais une seule occasion de faire des siennes, stoppa net au beau milieu de la grande avenue. En effet, le porteur de bannière, réputé pour son penchant sur la dive bouteille, avait soif tout bonnement ! Il posa au milieu de la rue le drapeau et s'engouffra dans un petit bistrot. L'orchestre sans se départir de son aplomb continua à jouer sous les vivats allègres des badauds. Les fausses notes fusaient à qui mieux mieux, mais peu importait ! Boum, badaboum, boum boum ! La grosse caisse, les tambours et trompettes, les musiquettes mais surtout les mimiques de nos joyeux lurons faisant les clowns amusaient la foule ! Il faut dire que la « Chatouille » ne passait pas inaperçue ! Quelle allure ! La chéchia de travers, le gros nez et les moustaches en bataille offraient un cocktail plutôt sympathique ! Les minutes s'ajoutèrent aux minutes... Un quart d'heure plus tard, fier comme Artaban, notre porteur de bannière sortit du bar tout heureux de s'être bien rincé le gosier, reprit le drapeau, salua à droite, puis à gauche et voilà le défilé reparti !

Une autre fois, Momo le brave des braves qui, ben mon Dieu, se persuadait d'être un des meilleurs joueurs d'accordéon de la région... poulala... fut invité à une inauguration ! Ah ! Il était pas peu fier, tiens donc ! De Diou !... C'est qu'il s'agissait de jouer en public, et sur une estrade mon vieux ! Nos plaisantins prirent conscience que dans le cas présent... pas le moment de faire les cons ! Non, pas cette fois ! C'était du sérieux, allons donc ! Ce sacré bougre de Momo, pas bien dégourdi, se prit au jeu !

— Eh ! Les gars ! Comment s'y prendre ? Faut pourtant qu'on lui dise au Momo, qu'il vaut pas un clou, mais ça va le fâcher !

— T'inquiète ! répliqua le Toine, j'ai une idée !

En fait, les premiers pick-up faisaient leur apparition. La belle aubaine ! Ils reléguèrent le Momo au fond de la scène et dès qu'il commença à jouer, couvrirent ses canards par une magnifique valse interprétée par un virtuose de l'accordéon. Le pauvre vieux Momo ne comprit rien du tout, surpris d'entendre la salve d'applaudissements du public faisant une véritable ovation à un tel talent méconnu ! Quand il retrouva ses copains, tout émoustillé par ce succès inhabituel, il ne trouva rien de mieux à leur dire...

— “Vous avy vu lu gars, j’y’a bien envouya hein” (Vous avez vu les gars, je l’ai bien envoyé hein) !

Une ambiance à nulle autre semblable animait l’âme de cette équipe. Ils voulaient rire et s’amuser, mais toujours gentiment. Pas une once de malice ou de moquerie malsaine, ni quoi que ce soit de semblable ! Non ! Jamais ! Ils savaient pertinemment que, d’accord aujourd’hui c’est moi... vous m’avez bien eu, attends, gare à toi... ce sera ton tour bientôt ! Et tout se terminait dans la bonne humeur ! Chacun rentrait dans ses foyers, heureux d’avoir grugé un tel ou un tel, et d’avoir rigolé un bon coup !

C’est ce qui se passa un soir de répétition !

Toute l’équipe était réunie lorsqu’arriva le père Vassefairavoir.

— Qu’est-ce que te fais donc vindieu, t’es ben en retard ! dirent les copains.

— Oh ! C’est qu’aujourd’hui, j’ai arraché mes patates ! Ah ! Les gars ! Si vous voyiez ces patates un peu, dis donc ! Grosses comme deux poings qu’elles sont ! Jamais vu une récolte pareille, moi !

— Hé ! T’es pas de Marseille le père Vassefairavoir ? Deux poings tes patates, non mais ! Faut pas exagérer quand même !

— Mais vindieu, vous aurez qu’à venir les voir demain... vous y verrez ben si j’ vous dis des blagues, tiens ! se défendit notre bon jardinier.

— Taratata ! Tes patates, tes patates... C’est que des patates quoi !

— Ah ! Vous êtes des jaloux pardi !

La répétition terminée, ils se séparèrent. Tout au moins, notre père Vassefairavoir le crut-il ! Car nos musiciens en défroque se retrouvèrent dans le champ de pommes de terre !

— Allez, les gars ! Au boulot !

En deux temps, trois mouvements, les patates furent ramassées et embarquées !

Nous imaginons aisément la scène le lendemain matin quand notre brave bougre se rendit dans son champ ! Noir de colère ! Fou de rage ! Il hurlait comme un diable et jurait comme un charretier !

Les voleurs, évidemment, tapis derrière les haies assistaient en se marrant autant que faire se pouvait.

Le pauvre père Vassefairavoir n'hésita pas une seconde. Il enfourcha son vélo et le voilà parti à la gendarmerie !

— Ah ! Cré vindieu ! J' porte plainte pour vol ! Y a des salauds qui m'ont volé mes patates cette nuit ! Des patates ! Que j' vous dis pas ! Grosses comme trois poings !

Les gendarmes de connivence, affichèrent une mine de circonstance... désolée ! Et simulèrent l'enregistrement de ladite plainte !

Soulagé, notre père Vassefairavoir serra la main du fonctionnaire qui le réconforta de son mieux :

— Ne vous en faites pas, on va le retrouver le voleur ! Soyez tranquille !

Au petit café de la mère Kanon, les langues allaient bon train ! Le pauvre vieux n'en finissait plus de raconter cette terrible tragédie ! Consolé, nous l'avons compris par les auteurs du larcin bien entendu !

Ah ! Allez ! La plaisanterie avait suffisamment duré ! Alors, à grand renfort de tambours, trompettes et clairons, nos musiciens débarquèrent dans sa cour, les brouettes emplies de la précieuse récolte !

— Oh ! Oh ! L' père, crièrent-ils en riant, si t' veux tes patates, descends dans ta cave et ramène-nous un bon canon ! Et la grosse caisse aux sons des boum boum boum, badaboum boum boum résonnait dans le crépuscule naissant de l'automne. Les verres s'entrechoquaient en tchin-tchin interminables ! Les éclats de rire et la bonne humeur couvraient la voix du père Vassefairavoir qui rabâchait :

— Ah ! Sacré bande de p'tits cons... Vous m'avez bien eu ! J' vous aurai un jour ! J' vous aurai ! Vous perdez rien pour attendre va !...

!!!!!

Ah ! La chasse ! Quelles journées mémorables pour bon nombre de paysans qui s'adonnaient à leur loisir favori et excellaient dans l'art du braconnage et de toutes sortes d'interdits dont ils n'avaient que faire !

Un groupe de bons copains se retrouvait donc régulièrement pour les battues entre autres. Or, l'un d'eux, le père Padroit, les agaçait passablement. En effet, il n'avait jamais tué aucun gibier ! Il ne le voyait pas à temps ! Arrivait au mauvais moment ou au mauvais endroit ! Ratait sa cible, bref ! Pas une seule bête ne succomba sous les balles du père Padroit !

Ses acolytes, tapis à l'affût, s'aperçurent que son chien courait derrière le buisson où il était tenu de « rester au poste ».

— Padroit ! Padroit ! hurla l'un d'eux ! Vas-y tire ! Tire nom de Diou ! Derrière toi ! Tire !

Pan ! Le coup partit ! Padroit courut voir si, pour la première fois de sa vie, il « y avait mis dans le mille » !

Mais quelle ne fut pas sa stupeur de trouver son pauvre chien, tué net.

— Ah ! Nom de Dui, pour une fois que j' tue que'que chose, j'ai tué mon chien !

Les chasseurs arrivèrent et constatèrent qu'effectivement, Padroit n'avait pas raté son coup.

Le vieux s'en trouva tout penaud et s'exclama :

— Ah ! Bon Dieu ! J'aurais mieux fait d' ch... un plein lit !...*

!!!!!

---

* Je conçois que des âmes empathiques puissent être choquées. N'oublions pas qu'autrefois, la sensiblerie envers les animaux n'habitait pas le quotidien. Cela faisait partie de leur vie également, et quand bien même nous ne cautionnons pas de tels comportements, voire débordements aujourd'hui, il n'en reste pas moins que les choses se passaient ainsi. Je me devais d'en parler par souci de véracité, encore et toujours !

Un village sans cloche ! Impensable ! Quand on pense que chaque fait et geste se calquaient sur le rythme religieux ! L'heure de l'angélus qu'ils entendaient, alors que, courbés sur leurs travaux des champs, ils prenaient le temps de s'arrêter et de prier, à l'unisson. Le « premier coup » de la messe... ils se mettaient en route... suivi du deuxième... attention, il est presque l'heure... et l'arrivée au son joyeux du carillon qu'animait le bedeau tirant tout son soûl sur la grande corde... Ding dong ; ding dong ; ding dong !

Or dans cette paroisse, le clocher restait muet depuis quelque temps et tout un chacun attendait avec empressement le baptême des nouvelles cloches qui animeraient désormais leur quotidien.

Le jour fatidique arriva. Tous les habitants se réunirent, notables en tête pour fêter l'évènement. Tous ? Pas tout à fait ! Quelques hommes qui se fichaient éperdument du baptême et de tout ce tralala, décidèrent de bien s'amuser et, pour ce faire, se donnèrent rendez-vous dans une chasse privée.

En fait, ils arrivèrent munis d'un furet ! Incroyable mais vrai ! Un furet qu'ils lâchèrent et qui, bien entendu fit une razzia sans précédent dans cette propriété, décimant la population lapine !

Ils riaient, amoncelant le gibier dans les musettes et lorsqu'ils entendirent les nouvelles cloches sonner à toute volée, ils répliquèrent :

— Écoute-les ces brelots ! Ils se tapent la cloche, et nous on se tape les lapins !... À chacun son inauguration !

!!!!!

Un tout "chtit petat" de terre, c'est tout c' qu'il possédait le grand Marius. Oh ! Pour sûr qu'il n'était point riche ! D'ailleurs, il devait s'embaucher comme journalier à droite, à gauche, dans les fermes. Un peu bizarre ce type ! Sournois et pas bavard ! Mais, tout le monde le connaissait et, mon Dieu ! Il faisait bien son travail, donc ! Il gagnait sa soupe, deux ou trois petits sous et quelques nourritures que les paysans lui donnaient ; des fromages, des œufs, du beurre, un bout de lard, une saucisse...

Sa femme, « la vieille » comme il l'appelait, travaillait elle aussi ici et là. Elle était grande et maigre, un peu voûtée par le labeur. Ils vivaient tous les deux dans une masure située dans la plaine, au bord de Loire. Près de la pauvre bicoque, un petit jardin potager bien entretenu, un poulailler, quelques volailles, et des cabanes en planches plus ou moins délabrées qui abritaient un âne et une chèvre.

Or, un voisin ému par leur misère, leur offrit un bout de terrain. Ainsi, le grand Marius pourrait "faire gros de patates", et ces deux pauvres bougres mangeraient à leur faim.

Ah ! Qu'ils étaient heureux ! Sans perdre de temps, ils se mirent au travail et nettoyèrent la parcelle. On pouvait les voir avec le piochon arracher les ronces, déverminer alentour, et... labourer !

Mais, comment faire pour labourer quand on n'a pas de cheval et un attelage de fortune, rafistolé avec de la ficelle ?

Eh bien ! Il suffit d'un soupçon d'imagination, d'une pincée de bon sens et de quelques notions de débrouillardise !

En bref... En bref... En bref... En bref... En bref... En bref...

Quelle ne fut pas la surprise des voisins, lorsqu'ils assistèrent à la première séance de labour...

Le grand Marius arc-bouté sur les manchons de la charrue tirée par... l'âne, la chèvre et... la femme... ! Tous trois attelés !... Et qui criait, tel un concerto impromptu :

— Hue ! pour l'âne,

— Tèè ! pour la chèvre,

— Tire vieille ! pour sa femme !...*

!!!!!

***Note de l'auteur : cette histoire peut aujourd'hui nous paraître aussi insensée qu'imaginaire, et cependant, plusieurs personnes m'ont affirmé avoir ouï dire qu'au siècle dernier, il n'était pas rare que femme (ou enfants) soit attelée à la charrue. Émile Zola dans *La Terre* nous le signifiait clairement.**

42

Sa majesté Baboula Ier !

En écrivant ce livre, je me demandais par quelle histoire je pourrais conclure ! Les trouvant toutes bien rigolotes, je me devais d'en dégoter une vraiment exceptionnelle !

Eurêka !

Monsieur le maire de Roanne reçut un beau matin une lettre dûment signée d'un ministère lointain, en fait, apparemment un petit état d'Orient désireux d'entretenir avec notre belle France des rapports qui se voudraient chaleureux, et qui sait... voire plus, si affinités !

Monsieur le maire fut surpris, mais en ces temps où les échanges commerciaux commençaient à se mondialiser... mon Dieu ! Pourquoi pas ? D'autant que sa majesté Baboula Ier, puisque ce prince du désert se nommait ainsi, semblait s'intéresser au vignoble de la Côte Roannaise.

Cette missive annonçait l'arrivée en gare SNCF de Roanne, du roi accompagné d'un interprète et de son escorte pour une date donnée.

Fierté des Roannais qui se virent informés par voie de presse, et par tous modes de communication, principalement celui qui fonctionne le mieux : le bouche à oreille !

La nouvelle se répandit comme une traînée de poudre. En voilà un évènement !

Tout un chacun se fit un devoir d'arranger au mieux la façade de sa maison, fleurissement des balcons et guirlandes en papier de couleur harmonieusement disposées en avant-première !...

L'itinéraire qu'emprunteraient sa Majesté et sa cour fit l'objet d'une attention toute particulière, nous le pensons bien ! Les rues furent lavées, les trottoirs impeccablement balayés, les décorations en tous genres jonchaient les vitrines des commerces avec le meilleur goût possible. Sa Majesté honorait la ville d'une visite officielle et donc, tout se devait d'être parfait afin de rendre un vibrant hommage à un chef d'État venu d'Orient, désireux d'ouvrir son pays à des échanges culturels, économiques et amicaux.

Le monstre d'acier vrombissant apparut au loin assorti de sifflements stridents qui retentissaient dans la douce chaleur de cet après-midi d'été. Pas un souffle de vent, le soleil dardait et un brouhaha montait de la gare noire de monde.

Un tapis rouge savamment déroulé sur le quai semblait étaler sous les pieds de sa Majesté les plus « plates vénérations » des Roannais.

Le train s'arrêta enfin, la porte d'un compartiment s'ouvrit lentement, alors que le chef de gare en sueur, képi sur la tête et sifflet en folie s'agitait dans tous les sens, courant jambes déployées afin d'aider cette haute personnalité à descendre les marches.

La fanfare aux instruments rutilants entonna notre célébrissime Marseillaise, alors qu'apparut, magnifique dans son costume flamboyant, le roi.

Il demeura quelques instants sur le bord des marches, affichant un léger sourire et salua de la main les badauds qui l'accueillirent sous un tollé d'applaudissements.

Dieu ! Quelle prestance !

Il était vêtu d'une longue djellaba aux couleurs chatoyantes, et de ses épaules tombait une sorte de tunique, alors qu'un turban ceignait sa tête dans un drapé adroitement tortillé d'où s'échappait un panache blanc.

Son visage basané à la barbe dense témoignait de ses lointaines origines, rehaussé par les reflets d'or de ses colliers somptueux parant sa poitrine d'une grâce et d'une élégance à nulle autre semblable.

Des « Ooooh » d'émerveillement fusaient de toutes parts et avec une distinction digne des grands de ce monde, il descendit lentement du train.

Près de lui, se tenait un jeune homme, vraisemblablement son interprète, suivi de sept garçons, tous magnifiquement habillés dans un style que personne n'avait jusqu'à ce jour eu le loisir d'admirer.

Ils étaient tous absolument grandioses, magnifiques et inspiraient à leur seule vue, le plus grand respect.

Quatre d'entre eux étaient vêtus de longues robes aux couleurs vives dissimulées par des tuniques dégringolant jusqu'aux pieds, alors que les autres portaient des pantalons en satin brillant à moins qu'il ne s'agisse de soie, très bouffants resserrés aux chevilles, des caracos assortis et des châles à rayures. Leur joli minois bronzé recouvert d'un turban orné de pierres précieuses ou de chéchias conférait une noblesse évidente, affichant sans aucune retenue une décontraction pour ne pas dire une certaine nonchalance caractéristique des pays chauds.

Sa Majesté n'en finissait pas de saluer avec bonhomie, les mains croisées sur la poitrine, d'un gestuel du chef, à droite puis à gauche, un sourire affable au coin des lèvres.

Les musiciens s'époumonaient, la foule immense applaudissait à tout rompre et monsieur le maire suivi des élus s'approcha de son hôte.

Une longue et cordiale poignée de main scella pour les décennies à venir l'arrivée en gare de sa majesté Baboula Ier.

L'interprète, dans un français quelque peu écorché traduisait les paroles de bienvenue des autorités locales. Le roi répondait avec gentillesse.

Le cortège s'ébranla, empruntant le tapis rouge sur lequel des femmes jetaient des fleurs, ce qui semblait plaire au roi qui souriait en dodelinant de la tête.

Dans la rue des milliers de gens se pressaient et les forces de l'ordre n'étaient guère à la noce pour contenir cette marée humaine qui envahissait les trottoirs, se bousculant afin d'être aux premières loges.

Ils apercevaient le cortège royal accompagné d'une protection rapprochée mise en place dès la sortie de la gare. Les uniformes sombres se mêlaient au flamboyant des djellabas, et ils empruntèrent la rue en direction de la mairie. La fanfare en tenue d'apparat suivait rythmant la marche solennelle !

C'était tout simplement fabuleux ! Monumental !

Comme toujours en pareille circonstance, tout un chacun apportait ses commentaires, plus ou moins désobligeants :

— Combien que ça va nous coûter tout ça hein ? C'est qui qui va payer ? Toujours les mêmes, va ! Pas besoin de tous ces tralalas !

— Vous êtes jamais contents ! C'est un honneur pour notre ville que de recevoir des personnalités. Faut pas voir que devant sa porte !

— Charles VII était ben v'nu ! Pourquoi pas Baboula Ier ?

— Charles qui ?

— VII.

— Qui c'est c'lui-là ?

— Ignorant, va ! Même qu'il a couché à Saint-Haon-le-Châtel avec Jeanne d'Arc !

— Hein ? Quelle horreur !

— Ouais, idiot ! Pas dans la même chambre, pardi !

— Ah bon ! J'ai eu peur !

— Pff ! C'est pas vrai ! La pucelle, elle a jamais mis les pieds à Saint-Haon...

— Oh ! Tais-toi ! Qu'est-ce t'en sais m'sieur-j'sais-tout ! T'y étais toi ? Non ! Alors, ta gueule... C'est fou ça ! Faut toujours qu'y ait un gros malin qui s' croit plus savant et qui la ramène !...

Bref ! Notre cortège s'acheminait lentement. Un vin d'honneur attendait nos invités à la mairie, et l'euphorie gagnait progressivement la foule.

Les meilleurs crus de la contrée furent sélectionnés, car on avait semblé comprendre que sa majesté souhaitait se renseigner sur le petit vin de la Côte Roannaise. C'était le moment ou jamais !

L'interprète se donnait bien du mal, car disait-il, « votre langue est difficile ».

Combien de temps dura la supercherie ? Je ne saurais le dire, car la mémoire locale l'ignore et n'a pas pu me renseigner à ce sujet ! En tous les cas, aussi longtemps que nos bons bougres du coin, qui montèrent cet artifice avec minutie en prévoyant les moindres détails, réussirent à bluffer.

En fait, les rarissimes voitures de l'époque furent réquisitionnées pour acheminer nos joyeux plaisantins de la Côte Roannaise jusqu'à la ville du Coteau, près de Roanne, d'où ils montèrent rapidement dans le train, s'y changèrent et les voici fin prêts à l'arrivée quelques minutes plus tard pour jouer cette comédie extraordinaire !

Tout le monde, y compris les élus locaux, rirent de cette mise en scène qui, diront-ils avec indulgence, vous a donné bien du travail !...

Cette blague des années 30 est certifiée authentique, ainsi que les lieux où se déroula cette extraordinaire mascarade !...

Une bande de joyeux lurons osa manigancer ce canular digne de la plus haute distinction humoristique... si toutefois elle existait ! Hélas ! Point de César ni d'Oscar en ces temps-là !... C'est donc avec vénération pour ces hommes, comiques dans l'âme que je vous l'ai raconté !...

Avouez que dans nos campagnes, jadis, les gens ne se prenaient pas au sérieux, et que vraiment, ils savaient rire de tout, ensemble.

Quel bonheur !

!!!!!

Conclusion

Toutes ces histoires qui animèrent pour la plupart les soirées d'hiver des fermes de nos campagnes, nous plongent au travers de l'humour de l'époque au sein même du terroir, de nos racines.

Alors que le feu crépitait dans l'âtre de la grande cheminée, que les hommes bourraient lentement leur pipe, mâchouillaient leur chique et que les femmes laissaient filer le fuseau, le crochet ou les aiguilles dans leurs mains épaisses, les heures s'écoulaient...

C'était le temps... où l'on prenait son temps...

Le temps de rire de tout, de rien ! Persuadés d'avoir compris toutes les choses de la vie !...

...Que s'ils pouvaient... que s'ils savaient... mais qu'ils savaient qu'ils ne pourraient jamais... que ça n'avait aucune importance, même que les gens qui travaillaient « à la fabrique » dans les villes, eux non plus ne pouvaient pas comprendre... parce que « par chez nous », c'était ainsi que ça se passait !

Nous autres, pauvres bougres n'étions point riches mais bien heureux quand même... Le dur labeur endurcissait leurs muscles, alors que certaines

pauvretés attendrissaient les cœurs... Les prières ne faisaient point de miracle, hélas ! mais réconfortaient leur âme.

Ah non ! Y peuvent pas comprendre... La mentalité des gens de la terre... pas qu'on vaut mieux ! Non ! Mais vous savez, leur ch'tite propriété, leur maison, c'était à eux, c'était leur bien, tout comme leurs histoires et leur humour aussi, et ça, voyez-vous... ça...

...Personne n'a le droit ni de se moquer, ni d'y toucher !

Dépôt légal : novembre 2014
IMPRIMÉ EN FRANCE

Achevé d'imprimer le 5 novembre 2014
sur les presses de l'imprimerie « La Source d'Or »
63039 Clermont-Ferrand
Imprimeur n° 17468N

PEFC
PEFC/10-31-2008

Dans le cadre de sa politique de développement durable,
La Source d'Or a été référencée IMPRIM'VERT®
par son organisme consulaire de tutelle.
Cet ouvrage est imprimé - pour l'intérieur -
sur papier bouffant 80 g (main 1,8)
provenant de la gestion durable des forêts,
produit par des papetiers dont les usines ont obtenu
les certifications environnementales ISO 14001 et E.M.A.S.